변 화 와 　 성 장 을 　 위 한 　 인 간 관 계 의 　 기 술

갈등,
계임처럼 즐겨라

양 광 모 지음

마인드북스

국립중앙도서관 출판시도서목록(CIP)

갈등, 게임처럼 즐겨라 : 변화와 성장을 위한 인간관계의
기술 / 지은이: 양광모. -- 서울 : 마인드북스, 2014
    p. ;   cm

ISBN 978-89-97508-15-0   03190 : ₩12000

갈등 관리[葛藤管理]
인간 관계[人間關係]

189.2-KDC5
158.2-DDC21   CIP2014019623

작가의 말

인생은 B(Birth)와 D(Death) 사이에 놓여있는 C(Conflict)다.

　자기 자신과의 갈등을 비롯해 타인과의 갈등, 집단 간의 갈등, 국가 간의 갈등처럼 무수히 많은 갈등이 우리의 삶 속에 점철된다. 이러한 갈등을 슬기롭게 해결할 수 있는 사람만이 성공과 행복의 파랑새를 손 안에 잡을 수 있다. 따라서 어떻게 하면 갈등을 슬기롭게 해결할 수 있을 것인가에 관한 문제는 우리 인생에서 가장 중요한 과제요, 화두라고 이야기할 수 있다. 그러나 갈등은 그리 만만한 주제가 아니다. 인간관계에서 타인과의 갈등을 성공적으로 해결한다는 것은 마치 난공불락의 요새를 공격하여 함락시키는 것과 마찬가지 일이다. 당나라 시인 백낙천은 고문진보(古文眞寶)에서 "백년의 고락이 남을 따라 생기는구나. 인생 행로의 어려움이여, 산 넘기보다 어렵고 물 건너기보다 어렵구나."라고 말하며 인간관계와 갈등 해결의 어려움을 토로하였다.

　나 또한 지금까지 무수히 많은 갈등을 경험하였다. 한때는 노동조합

위원장으로서 노사갈등의 중심에 서있던 적도 있었고, 결혼 후 15년 동안 말다툼 한번 없이 화목하게 지내던 아내와도 무려 3년여에 걸쳐 심각한 갈등을 빚기도 하였다. 회장을 맡았던 단체의 임원과 갈등이 생겨 며칠 밤을 분노로 지새웠던 적도 있었고, 때로는 부모님과, 때로는 직장 상사, 친구, 사랑하는 아들딸과도 크고 작은 갈등을 경험하였다. 그런 과정을 통해 절실하게 깨달은 것이 있다면 인생에서는 '열 명의 친구보다 한 명의 적을 만들지 않는 것이 중요하다'는 사실이다. 그리고 또 한 가지를 덧붙인다면 갈등은 상대방을 '바꾸려' 애쓰지 말고 내가 '바뀌려' 노력해야만 해결된다는 사실이다. 지금까지의 경험이 그렇다. 갈등이 생겼을 때 타인을 바꾸려 들면 적이 만들어졌고, 내가 바뀌려 들면 친구가 만들어졌다. 따라서 갈등이 발생하면 내가 무엇을 바꿔야 할지에 대해 먼저 고민해보는 것이 갈등 해결의 첫걸음이라고 말할 수 있을 것이다.

이 책은 타인과의 갈등을 해결하는 방법에 관한 책이다. 인생을 살면서 부딪치게 되는 부모와 자식 간의 갈등, 부부간의 갈등, 고부간의 갈등, 친구 간의 갈등, 고객과의 갈등, 직장에서 상사, 동료, 부하 직원과의 갈등, 모임이나 단체에서 만나는 타인과의 갈등을 원만하게 해결하는 실제적인 이론과 방법에 대해 적어보았다. 바라건대 갈등이라는 총성 없는 전쟁터에서 상처받고 고통받는 사람들에게 여기에 실린 이론과 사례들이 위안과 해결책이 되어주기를 기대한다.

세상에서 가장 사랑하는 아내에게 진심으로 감사의 마음을 전한다. 책이 세상에 나올 수 있도록 도움을 주신 마인드북스 정영석 대표님께도 감사의 인사를 드린다.

몇 년 전 치열한 갈등을 겪는 과정에 생겨났던 모든 잘못과 실수에 대해서도 이 기회를 빌려 용서를 구한다. 이제 와 생각해보면 대부분의 갈등이 나로 인해 비롯되었는데 그 당시에는 미처 그 사실을 깨닫지 못했다. 정말 미안하다. 또한 지금까지 나로 인해 갈등을 겪고 마음의 상처를 받은 모든 사람들에게 사과를 드린다. 조금만 더 참고, 조금만 더 양보했더라면 좋았을 텐데 그러지 못하였다. 모두 나라는 인물이 성숙하지 못해 일어난 갈등이니 이제라도 용서를 구한다.

막상 책을 세상에 내보내려니 다시 한 번 갈등에 휩싸인다. 아직 부족한 것은 아닐까? 조금 더 내용을 보완해야 하는 것은 아닐까? 이런저런 갈등이 마음속에 불같이 일어난다. 그래도 이제는 마침표를 찍어야 할 시간. 책에 대한 평가와 판단은 온전히 독자 여러분의 몫으로 맡긴다. 그리고 혹시 여러분도 지금 누군가와 갈등을 겪고 있다면 고민만 하고 있지 말고 이제 그만 마침표를 찍어라. 아무쪼록 남은 생에는 갈등 없는 평화의 시간들만 가득하길.

푸른고래 양광모

차 례

차 례

제5장 갈등이여 안녕 ··· 197

차 례

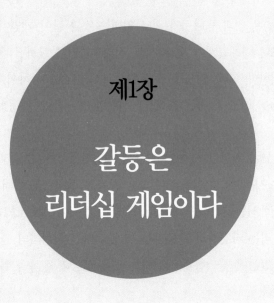

제1장

갈등은
리더십 게임이다

갈등이란 무엇인가

갈등(葛藤)은 칡과 등나무가 서로 얽히는 것과 같이, 개인이나 집단 사이에 목표나 이해관계가 달라 서로 적대시하거나 불화를 일으키는 상태를 의미한다. 흔히 인생을 출생(Birth)과 죽음(Death) 사이에 놓여있는 선택(Choice)이라고 말하는데, 결국 선택한다는 것은 갈등(Conflict)하는 것이다.

어떤 학교에 진학할지, 어떤 직장에 취업할지, 어떤 이성과 결혼할지, 어떤 집을 사야 할지, 인생은 수많은 갈등과 선택으로 이뤄져 있다. 따라서 인생에서는 갈등을 해결할 수 있는 능력이 매우 중요하다. 특히 내면에서 겪는 자신과의 갈등과는 별개로 다른 사람과의 인간관계에서 발생하는 갈등을 슬기롭게 해결하는 것은 성공과 행복을 위해 가장 중요한 과제다.

일요일 오후, 배달을 시켜 점심을 먹기로 결정하였다. 피자를 먹겠다는 딸과 치킨을 먹겠다는 아들이 싸우기 시작한다. 2개를 모두 시키자니 음식이 많이 남을 것 같다. 어떻게 하면 좋을까?

고등학교 1학년인 딸이 음악학원에서 보컬 오디션을 보고 왔다. 합격을 하였다. 가수가 되고 싶으니 등록을 시켜달라고 말한다. 어떻게 하면 좋을지 갈등이 시작된다. 시켜야 하나, 막아야 하나?

새로 구입한 휴대폰 요금 청구서에 신청하지도 않은 서비스 요금이 포함돼 있다. 대리점에 항의하니 가입 시에 분명히 설명했다고 우긴다. 어떻게 하면 좋을까?

같은 부서의 김 대리와 업무분장을 놓고 말다툼이 벌어졌다. 언제나 자기가 하고 싶은 일, 편한 일만 맡으려고 하는 점이 못마땅하다. 어떻게 하면 좋을까?

회사의 사업 방향을 놓고 임원들 간에 대립이 생겼다. 처음에는 단순한 의견 차이였는데 시간이 지날수록 감정싸움이 되더니 지금은 두 편으로 나눠져 심각한 갈등을 빚고 있다. 어떻게 해결하면 좋을까?

인생의 최대 목적인 행복은 보통 관계 속에서 얻어진다. 우리는 가족이나 주변 사람과의 관계가 원만할 때 비로소 행복할 수 있으며 아무리 돈, 명예, 권력을 많이 가지고 있어도 인간관계에 갈등이 많으면 행복해지기 어렵다. 따라서 행복한 삶을 살기 위해서는 갈등을 없애야 한다. 그러나 갈등이 없는 삶은 어디에도 존재하지 않는다.

2013년 통계청 자료에 의하면 결혼한 부부 10쌍 중 4쌍이 이혼에 이르는 것으로 나타났다. 헤드헌팅 전문회사인 HR코리아가 직장인 747명을 대상으로 '조직 내 인간관계와 갈등'에 대해 조사한 결과 무려 91.7%가 '갈등을 겪었다'고 대답했다. 취업포털 인쿠르트의 설문조사 결과에 의하면 응답자의 29.7%(324명)가 "최근 직장 내 갈등이 심해졌다."라고 답했으며 44%(480명)가 직장 내 갈등 때문에 우울증에 시달리고 있다고 답했다. 직장에서 갈등을 겪는 대상으로는 '매사에 꼬투리를 잡는 권위적인 상사'(56.5%)가 가장 많았고 '자기주장만 하는 고객'(17.4%), '얌체 같은 동료'(17.0%), '꼬박꼬박 말대꾸하는 부하'(9.1%) 순으로 조사되었다.

이처럼 우리의 일상생활에는 수많은 갈등이 존재하는데 그런 갈등을 어떤 시각으로 바라보고 어떻게 대처하느냐에 따라 인생이 달라진다. 갈등 해결을 위해 가장 먼저 선행되어야 할 것은 긍정적인 관점을 갖는 것이다.

첫째, 갈등은 필수불가결하다.

갈등은 변화와 성장을 위한 촉매제다. 조직 내에 갈등이 없으면 정체되고 발전하기 어렵다. 갈등이 생기면 스트레스로 생각하지 말고 변화를 위한 성장촉진제로 생각하라.

둘째, 갈등은 게임이다.

갈등은 다른 사람들을 내가 원하는 방향으로 움직이게 만드는 게임이다. 다른 사람들을 변화시키려면 설득력, 협상력이 중요하며 때로는 리더십이 요구된다. 갈등이 생기면 나의 리더십, 설득력, 협상력을 키우는 게임으로 생각하라.

셋째, 갈등은 수양이다.

갈등 해결에는 감정 조절 능력이 큰 영향을 미친다. 내가 먼저 상대방의 생각, 감정, 상황을 이해하고 동시에 나의 생각, 감정, 상황을 객관적으로 전달할 수 있어야 한다. 그러자면 분노, 원망, 복수심 등의 감정을 잘 조절할 수 있어야 한다. 감정을 억제하지 못하고 공격적인 말과 행동을 할 때 갈등이 발생한다. 갈등이 생기면 화를 참고 마음을 다스리는 인격 수양의 계기로 생각하라.

미국 보스턴 대학에서 이뤄진 40년 조사라는 실험이 있다. 7세 어린이 450명을 40년 동안 조사한 결과 성공과 출세에 가장 중요한 세 가지 요소는 ① 다른 사람들과 어울리는 능력, ② 좌절을 극복하는 태도, ③ 감정을 조절하는 능력으로 밝혀졌다. 자신의 감정을 슬기롭게 조절할 수 있는 사람이 인간관계에서 빚어지는 갈등을 예방, 해결할 수 있으며 사업에서 성공할 확률이 높아진다.

갈등이 생기면 긍정적으로 생각하라. 변화와 성장을 위한 과정, 리더십과 설득력을 키우는 게임, 나의 인격을 수양하는 훈련이라 생각하라. 피할 수 없다면 즐기라는 말처럼 어차피 부딪쳐야 할 갈등이라면 긍정적인 마음으로 일종의 게임, 훈련처럼 생각하고 즐기려 노력하는 것이 바람직하다.

적을 만들지 마라

> 인생의 기술 중 90%는 내가 싫어하는 사람과 잘 지내는 방법에 관한 것이다.(사무엘 골드윈)

인생의 기술 중 90%가 싫어하는 사람과 잘 지내는 방법인지는 모르겠으나 인생에서 성공의 90%는 싫어하는 사람과 사이좋게 지내는 방법에 달려있다는 점은 확실해보인다. A. E. 위컴 박사의 연구 조사에 의하면 직장에서 해고되는 사람들의 90%는 인간관계 때문이며, 2,000여 명의 고용주에게 가장 최근에 해고시킨 3명과 해고 이유를 조사한 결과, 응답자의 3분의 2가 "해직자들은 인화(人和)와는 거리가 먼 사람들이었다."라고 답변하였다.

직장이나 사회에서는 친구를 만드는 것보다 적을 만들지 않는 것이 중요하다. 좋은 친구는 나의 성공을 돕지만 적은 위기를 가져오고 애써 얻은 성공을 무너뜨린다. 조직이 무너지는 것은 3%의 반대자 때문이며, 10명의 친구가 한 명의 적을 당하지 못한다. "천 명의 친구들, 그것은 적다. 단 한 명의 원수, 그것은 많다."라는 터키 속담을 명심하여 쓸데없이 남을 비난하지 말고, 항상 악연을 피하여 적이 생기지 않도록 조심해야 한다. 아울러 다른 사람의 잘못과 실수에 대해서는 이해와 관용을 베풀고 너그럽게 수용해야 한다.

그렇다고 다른 사람에 대해 일절 비판을 하지 말아야 한다는 뜻은 아니며, 또 실제로도 사회생활을 하다 보면 불가피하게 타인에 대해 비판해야 하는 경우가 발생한다. 다만 그런 경우에도 상대방의 인격적 가치를 무시하여 감정과 자존심에 상처를 주지 않도록 말과 행동을 조심하여야 한다. 상대방을 적으로 만드는 것은 단순한 비판 때문이 아니라 비판하는 나의 말속에 수치심, 모욕감을 불러일으키는 말이 담겨져 있기 때문이다. 다른 사람을 불가피하게 비판하는 경우에는 감정이 배제된 객관적 사실만을 말해야 하며, 비판하려는 내용과 상관없는 상대방의 개인적 특징에 대해 평가하거나 비난하는 표현은 삼가야 한다.

무엇보다도 중요한 것은 '모든 사람은 불완전한 존재라는 점, 반면에 모든 사람은 자기중심적으로 생각하기 때문에 자기 자신에 대해서는 모두 옳다고 생각한다.'는 점을 명확하게 인식해야 한다. 불완전하면서도 자신의 생각과 행동만은 완전한 것으로 생각하는 양면적인 존재가 바로 인간인 것이다.

다른 사람을 만날 때는 항상 단점보다 장점을 보려 노력하라. 사무엘 테일러 콜리지는 "위인과 만나거든 너의 좋은 인상을 남기도록 하되, 소인과 만나거든 그 사람의 좋은 인상만을 남기도록 하라."라고 말하였다.

세상에 위인은 적고 대부분의 사람들은 소인이니 항상 다른 사람을 만나면 좋은 인상만을 간직하자. 다른 사람의 단점만을 보면 비판하게 되고, 비판하면 적을 만들기 쉽다. 인생에서 중요한 것은 좋은 인맥보다 좋은 인연이며, 인연은 항상 변하는 것이니 선연(善緣)을 구하고 악연(惡緣)을 피하라. 항상 나의 말과 행동에 잘못이나 실수가 없도록 조심하여 적을 만들지 않도록 경계하라.

그릇의 크기를 키워라

사람은 재산이 아니라 운명이다. 내가 만나는 사람이 내 생각이고, 내가 만나는 사람이 내 행동이며, 내가 만나는 사람이 내 인생이다. 사회학자 솔라 풀에 의하면 사람은 평균 3,500명을 평생에 걸쳐 중요하게 알고 지낸다고 하는데 이 사람들이 어떤 사람이냐에 따라 내 운명이 달라진다. 얼마 전 휴먼네트워크연구소 강사양성과정을 수료한 교육생들의 시범 강의가 있었다. 그중에서 대구에서 올라온 K강사가 다음과 같은 말을 하는 것을 듣게 되었다.

"사람과 사람이 왜 싸우는지 아세요? 그릇의 크기가 같기 때문입니다. 똑같은 크기의 그릇이 서로 끼게 되면 잘 빠지지 않죠. 그러나 한 그릇이 다른 그릇보다 크면 서로 끼여서 빠지지 않는 일은 발생하지 않습니다. 다른 사람과 갈등이 생기는 이유도 마찬가지입니다."

예전부터 알고 있던 주제였지만 그릇이라는 생활 속의 사례로 이야기를 풀어놓으니 훨씬 더 실감나게 마음에 전달되었다. 그렇다! 결국 갈등은 내 그릇의 크기가 상대방과 똑같기 때문에 발생하는 것이다. 내가 조금이라도 상대방보다 이해심이 많고 포용력이 크면 갈등은 발생되지 않는다. 서로 잘났다고, 서로 내 책임이 아니라고, 서로 상대방이 문제라고 싸우며 갈등을 빚는 것은 결국 내 그릇의 크기가 상대방의 그릇과 똑같기 때문에 발생하는 것이다.

인생을 살다 보면 여러 사람들과 수많은 갈등을 겪는다. 부자간의 갈등, 부부간의 갈등, 고부간의 갈등, 친구와의 갈등, 직장에서의 갈등, 거래처 및 고객과의 갈등…… 그야말로 인생은 갈등의 연속이다. 행복이란 것도 따지고 보면 다른 사람과의 갈등을 어떻게 순조롭게 해결하느냐가 보다 더 중요한 과제이다. 과연 다른 사람과의 갈등은 어떻게 해결하면 좋을까? 결론은 위에 소개한 K강사의 말처럼 내 그릇의 크기를 키우는 것이다. 다시 표현하자면 '똑같은 놈이 되지 마라'는 것이다.

오래 전 일이다. 당시 내가 몸을 담았던 회사에서 투자방법을 둘러싸고 내부 이사 간에 심각한 갈등이 발생되었다. 처음에는 단순한 의견 대립에서 출발한 것이 감정싸움으로 번졌고 결국에는 회사를 정리하는 지경까지 이르렀다. 양쪽 모두 한 치의 양보도 없이 죽기 살기로 대결한 어처구니없는 결과였다. 양쪽 모두 똑같은 크기의 그릇이었기 때문에 발생한 일이다.

선거철마다 듣게 되는 표현 중에 '그 놈이 그 놈'이라는 말이 있다. 정치인들은 모두 똑같은 놈이라는 얘기다. 정치를 하는 사람들의 입장에서 보면 섭섭한 얘기겠지만 한쪽의 그릇이 조금이라도 더 크면 싸움은 줄어들 것인데 모두 똑같은 크기의 그릇이니 날마다 아등바등 싸우는 것이다. 적어도 국민의 눈에는 모두 '그 놈이 그 놈'으로, 모두 똑같은 크기의 그릇으로 보이는 것이다.

혹시 지금 다른 사람과 갈등을 겪고 있다면 스스로에게 이렇게 말하라. "똑같은 놈이 되지 말자. 조금 더 나은 놈이 되자." 내가 상대방과 똑같은 사람이어서는 갈등이 해결되지 않는다. 상대방보다 조금이라도 더 많이 참고, 더 많이 이해하고, 더 많이 용서하는 사람, 상대방보다 더 큰 그릇이 되어야 한다. 똑같은 놈이 되지 마라!

꼽게 보지 말고 곱게 보라

오래 전, 신문에서 조계종 원로회의 의장 종산 스님의 인터뷰 기사를 읽은 적이 있는데 참으로 마음에 와 닿는 내용이었다.

"소크라테스는 참다운 사람을 찾기 위해 대낮에 공원에서 등불을 가지고 다녔다는 이야기가 있는데 나는 한평생 나보다 못한 사람을 찾아볼 수 있길 원했지만 아직까지 그런 사람을 찾지 못했을 뿐 아니라 나와 비슷한 사람조차 만나지 못했습니다. 모든 사람을 존경합니다."

벼는 익을수록 고개를 숙인다고 물론 겸양의 말씀일 것이다. 옛말에 세 사람이 함께 길을 가면 반드시 나의 스승이 있다고 했으니 어리석은 자는 다른 사람에게서 단점을 보고, 현명한 사람은 장점을 본다. 종산 스님 같은 분도 자신보다 못한 사람을 만나지 못했다고 하거늘 나 같은 소인에게는 세상 모든 사람들이 나의 스승이 아니겠는가!

나는 지금까지 세상을 꼽게 보며 살아왔다. 인생을 꼽게 보며 살아왔다. 다른 사람들을 꼽게 보며 살아왔다. 이제 종산 스님의 이야기를 들으며 반성한다. 세상에 나보다 못한 사람은 없으며 모든 사람이 다 나의 스승이니 곱게 보아야겠다.

내가 아는 사람 중에는 J원장이 사람을 곱게 보는 분이다. 항상 밝은 미소로 다른 사람의 이야기를 경청해주고 공감해준다. 잘난 척하는 사람에게는 칭찬해주고 부족한 사람에게는 격려해준다. 자기보다 잘났다고 질투하지 않으며, 자기보다 못났다고 우습게 여기지 않는다. 어려움이 있다고 다른 사람을 탓하지도 않는다. 언제나 꼽게 보지 않고 곱게 본다.

인생을 살다 보면 다른 사람에게 시기와 질투에 사로잡히거나 반대로 무시와 경멸로 대하는 경우가 많은데 반성할 일이다. 다른 사람을 볼 때는 꼽게 보지 말고 곱게 보자. 다른 사람의 장점을 시기, 질투하는 것은 내가 아직 덜 익었다는 뜻이며 다른 사람의 단점을 보는 것은 내 자신이 단점이 많다는 증거다.

세상도 마찬가지다. 조지훈의 시에 보면 "꽃이 진다고 바람을 탓하랴"라는 구절이 나온다. 꽃이 진다고 바람을 탓할 수는 없는데 세상을 꼽게 보면 바람을 탓하게 된다. 나 자신보다는 다른 사람을 탓하게 된다. 바람이 불지 않아도 꽃은 지기 마련이니 애꿎은 바람을 탓하지 말고 세상을 곱게 보자. 부정적인 면만을 꼽게 보지 말고 긍정적인 면을 곱게 보자.

버트란드 러셀은 "사람을 자주 판단하게 되면 사랑할 수 없게 된다."라는 말을 남겼다. 다른 사람을 대할 때는 평가하려 들지 말고 사랑하려 노력하자.

세상을 곱게 보라. 사람을 곱게 보라. 그것이 바로 갈등을 없애는 길이다.

가시가 있다고 장미와 싸우지 마라

장미의 전쟁은 1455년부터 1485년까지 영국 랭커스터가와 요크가 사이에서 벌어졌던 왕위 쟁탈전을 말한다. 랭커스터가는 붉은 장미를, 요크가는 흰 장미를 문장으로 한 데에서 이 이름이 생겼다. 30년에 걸친 장미전쟁은 랭커스터계의 헨리 튜더가 보즈워스전투에서 리처드 3세를 패사시킴으로써 끝을 맺었다. 헨리는 즉위하여 헨리 7세라 칭하고 튜더 왕조를 열었다.

일반인들에게 "장미의 전쟁"이 알려지게 된 것은 1989년, 대니 드비토 감독, 마이클 더글러스, 캐서린 터너 주연의 영화 "장미의 전쟁(The War Of The Roses)"이 개봉되면서부터다. 원래 영화의 제목은 "로즈가의 전쟁"이었는데 국내에 소개되면서 "장미의 전쟁"으로 잘못 번역되었다고 한다.

영화 속에서 올리버(마이클 더글러스 분)와 바바라(캐서린 터너 분)는 첫 눈에 반해 결혼한다. 세월이 흘러 아들, 딸이 생기고 자동차, 집도 사고 두 사람은 정상적인 결혼 생활을 꾸리며 행복한 삶을 살아간다. 그러다 작은 의견 충돌이 생기고, 의견 충돌이 반복되며, 점점 대화가 줄어들고, 서로에 대한 불신만 가득해진다. 마침내 두 사람은 이혼을 결심하게 되고 집 소유권을 둘러싸고 싸움을 시작한다. 사소했던 싸움은 점차 생사를 건 전쟁으로 발전하며 이들의 전쟁은 결국 죽음으로 끝난다.

이 영화처럼 사람의 만남이 좋은 인연으로 출발하지만 악연으로 끝나는 경우를 많이 보았다. 관계가 좋을 때는 목숨도 내줄 것처럼 지내다가 갈등이 생기고 적대감이 심해지면 원수처럼 대하는 경우도 많이 보았다. 왜 그렇게 되는 걸까? 여러 가지 이유가 있겠지만 가장 큰 이유는 장미를 사랑할 때 꽃만 사랑해서 그런 것이다.

장미를 사랑하려면 꽃만이 아니라 가시도 사랑해야 한다. 다른 사람을 좋아하려면 장점만이 아니라 단점도 좋아해야 한다. 그런데 가시는 사랑하지 않고 꽃만을, 단점은 좋아하지 않고 장점만을 좋아하다 보니 시간이 지날수록 처음에는 눈에 보이지도 않던 가시 때문에 점차 갈등이 심화되는 것이다.

생텍쥐페리의 "어린 왕자"를 보면 여우와 왕자가 다음과 같은 대화를 나누는 장면이 나온다.

"아주 참을성이 많아야 해. 처음에는 내게서 좀 떨어져서 그렇게 풀 위에 앉아 있어. 내가 곁눈으로 너를 볼 테니 너는 아무 말도 하지 마. 말이란 오해의 근원이니까. 그러다가 매일 조금씩 더 가까이 앉는 거야."

......

"사람들은 이 진리를 잊어버렸어. 하지만 너는 잊어버리면 안 돼. 네가 길들인 것에 대해서는 영원히 네가 책임을 지게 되는 거야. 너는 네 장미꽃에 대해서 책임이 있어."

"나는 내 장미꽃에 대해서 책임이 있다."

어린 왕자는 머리에 새겨 주기라도 하듯이 다시 한 번 말했다.

장미를 사랑하려면 꽃과 가시를 모두 사랑하라. 그리고 네가 길들인 장미에 대해서는 책임을 져라. 가시가 있다고 장미와 싸우지 않는 것, 그것이 갈등을 없애는 첫 번째 걸음이다.

가슴에 담아두지 마라

함부로 내뱉은 말은 상대방의 가슴속에 수십 년 동안 화살처럼 꽂혀있다.(롱펠로우)

좋은 관계를 만드는 것은 커뮤니케이션을 잘하는 것이며 커뮤니케이션을 잘하는 것은 '마음을 담아서 말하는 것'이다. 다른 사람과 커뮤니케이션을 할 때는 항상 마음이 오가는 대화를 나눠야 한다. 좋은 인간관계는 좋은 커뮤니케이션을 통해서만 가능하기 때문이다. 그런데 인간관계에서 가장 어렵고 중요한 것은 적을 만들지 않는 것이다. 인생에서는 열 명의 친구를 만드는 것보다 한 명의 적을 만들지 않는 것이 상책이다.

적을 만들지 않으려면 내 말이나 행동에 잘못이나 실수가 없도록 경계해야 한다. 쓸데없이 다른 사람을 비난하거나 상대방의 인격을 모독하여 감정과 자존심에 상처를 주지 말아야 한다. 롱펠로우가 말한 것처럼 함부로 내뱉은 말은 오래도록 깊은 상처로 남기 때문이다.

다음으로 중요한 것은 상대방의 잘못과 실수를 '마음에 담아두지 않는 것'이다. 상대방이 내게 쏜 화살을 뽑지 않고 꽂아두면 내 가슴의 상처만 깊어지며 흐르지 않는 물은 썩어버리듯이 미움이나 원망이 고여 있으면 내 가슴만 썩게 된다. 내 가슴이 썩으면 감정의 앙금이 생기고 복수심이 생기고 결국 다시 상대방의 가슴에 화살을 꽂는 일을 저지르게 된다. 그러면 적이 되고 원수가 생기는 것이다.

다른 사람이 화살을 쏘면 가슴에 꽂아두지 마라. 다른 사람이 내게 하는 비난이나 비판은 가슴에 담아두지 말고 흘려보내라. 마음에 담아두지 않는다는 것은 용서한다는 것이 아니다. 그것은 처음부터 기억하지 않는 것, 아무 일도 없는 것처럼 생각하고 행동하는 것이다. 마음을 비우는 것이 아니라 아예 채우지 않는 것이다.

옛날 중국에 얼굴이 못 생긴 어떤 사람이 정승으로 등용되었다. 처음으로 입궐을 하여 조정 대신들 사이를 지나가는데 뒤에서 한 사람이 수군거리는 소리가 들려왔다.

"참으로 얼굴이 못생겼구나. 어떻게 저런 얼굴로 한 나라의 정승이 되었을까?"

옆에서 따르던 수하가 화를 내며 어떤 사람인지 알아보기 위해 뒤를 돌아보려 하자 얼굴이 못생긴 정승이 이를 말리며 말하였다.

"내가 지금 그 사람의 얼굴을 보게 된다면 사사로운 마음과 원한을 갖게 될 것이고 앞으로 나랏일을 하는데 두고두고 영향을 받게 될 것이니 지금 그 사람의 얼굴을 보지 않는 것이 마땅한 일이다."

그러고는 뒤도 돌아보지 않고 그 자리를 떠났다고 한다.

이것이 바로 마음에 담아두지 않는 것이요, 적을 만들지 않는 비결이다. 인간관계에서 다른 사람이 내게 한 잘못이나 실수를 마음에 담아두지 않는다는 것은 절대로 쉬운 일이 아니다. 그러나 가만히 생각해보면 다른 사람이 쏜 화살을 가슴에 꽂은 채 살아가는 일 또한 얼마나 어리석은 일인가? 내 가슴을 다른 사람에 대한 원망이나 증오로 썩게 만드는 일 또한 얼마나 어리석은 일인가?

지금 누군가가 화살을 쏘고 있다면 과녁이 되지 말고 화살을 피하여 흘려보내라. 적을 만들고 싶지 않다면, 그리고 좋은 인간관계를 갖고 싶다면 다른 사람의 잘못이나 실수를 가슴에 담아두지 마라! 담아두지 않고 흘려보내는 것, 그것이 바로 친구를 만들고 갈등을 만들지 않는 비결이다.

눈치 빠른 사람이 되라

사전에 의하면 눈치란, ① 남의 마음을 그때그때 상황을 미루어 알아내는 것, ② 속으로 생각하는 바가 겉으로 드러나는 어떤 태도를 의미한다. 다시 말해서 눈치가 빠른 사람이라고 말할 때는 1번의 의미가 되고, 눈치를 살핀다고 말할 때는 2번의 의미가 되는 셈이다.

앞에서도 말했듯이 원만한 인간관계를 만들려면 상대방이 기대하는 대로 행동하는 것이 가장 중요하다. 그런데 현실에서는 대부분의 사람들이 그렇게 행동하지 않는다. 거의 모든 사람들이 상대방이 기대하는 대로가 아니라 자신이 하고 싶은 대로 행동한다. 그렇게 행동하는 첫 번째 이유는 상대방이 원하는 대로 행동해야 할 동기 또는 필요성이 없기 때문일 것이다. 그러나 무엇보다 근본적인 이유는 상대방이 무엇을 기대하는지를 미처 알아차리지 못하기 때문이다. 다른 말로 하면 공감 능력 또는 눈치가 없기 때문이라고 표현할 수 있는데, 갈등 해결을 위해서는 눈치 빠른 사람이 되는 것이 중요하다.

　미국 하버드대학교의 하워드 가드너 교수는 다중지능이론을 통해 사람에게는 IQ와 같은 한 가지 지능만 있는 것이 아니라 여러 가지 다양한 지능이 있다고 주장하였다. 그의 이론에 의하면 사람의 지능에는 음악지능, 신체운동지능, 논리수학지능, 언어지능, 공간지능, 인간친화지능, 자기성찰지능, 자연친화지능, 실존지능 등이 있으며 각각의 지능은 사람에 따라 복합적으로 다양하게 나타난다.

　여기서 말하는 인간친화지능은 대인관계지능으로도 불리며 사회에서 다른 사람들과 잘 어울리는 사교적 능력을 의미한다. 사교적 능력에는 자신의 생각과 감정을 다른 사람에게 잘 전달할 수 있는 능력, 그리고 다른 사람의 생각과 감정을 잘 파악할 수 있는 능력이 포함되는데 후자의 능력이 바로 눈치라고 이야기할 수 있다. 다른 사람의 눈빛, 표정, 몸동작, 말투, 단어와 문장 표현 등을 통해 상대방이 드러내지 않는 내면적인 생각과 감정을 정확하게 파악하는 능력이 바로 눈치인 것이다.

　하워드 가드너와 마찬가지로 오스트리아의 학자 볼프 싱어는 인간에게 제3의 지능인 SQ(Social Intelligence Quotient), 즉 사회적 지능지수가 있으며 SQ는 IQ(지능지수), EQ(감성지능지수)와 마찬가지로 훈련과 학습을 통해 높일 수 있다고 주장했다. 미국의 심리학자 대니얼 골먼은 인간에게는 IQ와 EQ, 역경을 이겨내는 지수인 AQ 외에도 사회적 교류를 관장하는 SQ가 있으며, SQ는 타인과의 교감과 사회적 상호작용을 통제하는 능력이라고 주장했다.

대인관계지능으로서의 눈치는 원만한 인간관계 형성을 위해 매우 중요한 능력이다. 세상에는 정말 눈치가 빠른 사람이 있는가 하면 정반대로 매우 눈치가 둔한 사람도 많다. 혹시라도 자신이 눈치가 없는 편에 속한다면 다음과 같은 노력으로 눈치를 키워야 한다.

첫째, 눈치는 눈으로 공감하는 능력이다.

사람의 생각과 감정은 눈, 얼굴 표정, 몸동작을 통해 은연중에 드러나기 마련이다. 다른 사람과 대화를 나눌 때는 상대방의 눈빛과 표정, 태도, 자세, 제스처를 세밀하게 관찰해야 한다.

둘째, 눈치는 귀로 공감하는 능력이다.

사람의 말에는 감정이 실려진다. 다른 사람과 대화를 나눌 때는 목소리의 뉘앙스, 말투, 사용하는 단어나 문장의 표현에 세심한 주의를 기울여야 한다.

셋째, 눈치는 머리로 공감하는 능력이다.

눈치는 상대방이 공개적으로 표현하지 않는 내면적인 생각과 감정을 파악하는 것이다. 따라서 겉으로 드러나는 말과 행동에만 의존하여 판단하지 말고 이면에 숨겨진 의미들을 찾으려 노력해야 한다.

눈치는 때때로 부정적인 의미로 사회에서 사용되지만 성공적인 대인
관계를 위해서는 반드시 갖춰야 할 능력 중의 하나다. 물론 뚜렷한 주
관 없이 지나칠 정도로 다른 사람의 눈치를 살펴가며 처신하는 행동은
바람직하지 않은 모습이다. 그렇다고 다른 사람의 눈치를 전혀 보지 않
거나 다른 사람의 눈치를 잘 살필 줄 모르는 사람은 좋은 관계를 형성
하기 어렵다. 오히려 싸가지없다는 평을 듣거나 둔하다는 평가를 받기
마련이다. 인간관계에서 상대방이 기대하는 대로 행동하기 위해서는 반
드시 눈치가 필요하다는 사실을 명심하고 눈치 있는 사람이 되도록 지
금부터 '눈치껏' 행동해보자.

눈치 지수 체크리스트

인간관계는 커뮤니케이션 관계이며 커뮤니케이션의 핵심은 공감 형성
이다. 타인의 생각과 기분을 정확하게 파악할 수 있는 사람은 어떤 사
람과도 쉽게 친밀한 관계를 형성할 수 있다. 나의 눈치지수는 어느 정도
인지 알아보자. 아래 항목을 읽고 자신에게 해당하는 점수를 1~10점
사이에서 적은 후 각각의 점수를 모두 합산하라.

전혀 그렇지 않다	그렇지 않다	보통이다	그렇다	매우 그렇다
2	4	6	8	10

1. 나는 평소에 눈치가 빠르다는 이야기를 많이 듣는 편이다. （ ）

2. 나는 평소에 다른 사람들의 생각과 기분을 파악하기 위해
주의를 기울인다. （ ）

3. 나는 평소에 모임이나 회의에 참석하면 분위기를 파악하기 위해
주의를 기울인다. （ ）

4. 나는 대화를 할 때 상대방의 눈빛에 주의를 기울인다. （ ）

5. 나는 대화를 할 때 상대방의 표정에 주의를 기울인다. （ ）

6. 나는 대화를 할 때 상대방의 제스처(손짓, 팔짓, 고갯짓)에 주의를
기울인다. （ ）

7. 나는 대화를 할 때 상대방의 몸동작(태도, 자세)에 주의를
기울인다. （ ）

8. 나는 대화를 할 때 상대방 목소리의 뉘앙스에 주의를
기울인다. （ ）

9. 나는 대화를 할 때 상대방이 사용하는 단어, 문장 표현에
주의를 기울인다. （ ）

10. 나는 대화를 할 때 상대방이 하는 말의 이면에 깔려있는
생각, 감정에 주의를 기울인다. （ ）

해 설)

• 81점 이상

눈치가 매우 빠르며 다른 사람들의 생각과 감정을 쉽게 잘 파악할 수
있다. 여기에 해당하는 사람은 9~10번 항목에만 조금 더 관심을 기울

이면 된다. 대화를 할 때는 상대방이 겉으로 드러내지 않는 내면의 생각과 감정을 파악하도록 노력해야 한다.

- 51~80점 사이

눈치가 보통이며 상황에 따라서는 다른 사람의 생각과 감정을 잘 파악하지 못한다. 여기에 해당하는 사람은 4~8번 항목을 중점적으로 훈련해야 한다. 대화를 할 때는 눈빛, 표정, 목소리, 몸동작의 변화를 살펴보며 상대방의 생각, 감정을 파악해야 한다.

- 50점 이하

눈치가 매우 부족하며 다른 사람들의 생각과 감정을 알아차리기 어렵다. 여기에 해당하는 사람은 1~3번 항목에 관심을 기울여야 한다. 평소에 다른 사람의 생각과 감정을 파악하기 위해 세심한 주의를 기울이는 습관을 들여야 한다.

(출처: 『따뜻하고 쿨하게 공감하라』)

용서, 내 머릿속의 지우개

취업포털 커리어(www.career.co.kr)가 직장인 1,678명을 대상으로 실시한 설문조사 결과에 의하면 조사대상자의 83.4%가 '직장생활을 하면서 화병을 앓아 본 적이 있다'고 응답했다. 화병을 앓은 이유로는 '직장 내 인간관계에 따른 갈등 때문'이 51.9%로 가장 많았으며 이들 중 32.4%는 '직장생활에서 생긴 화병으로 직장을 그만둔 적이 있다'고 밝혔다. 인생에서 가장 어려운 것, 그리고 가장 값진 것이 용서다. 직장이나 사회생활에서 적을 만들지 않고 갈등을 슬기롭게 해결하려면 용서를 잘 해야 한다.

"내 머릿속의 지우개"는 2004년 개봉된 이재한 감독, 정우성, 손예진 주연의 멜로영화다. 알츠하이머병에 걸려 극심한 건망증을 앓는 수진(손예진)과 남자친구 철수(정우성) 사이의 사랑을 그린 영화다. 두 주연배우의 연기도 좋았지만 수진이 철수에게 말한 대사 내용이 아직도 인상적으로 남아 있다.

"용서는 어려운 게 아냐. 용서는 그냥 미움한테 방 한 칸만 내주면 되는 거야. 우리 할아버지가 그러시는데 훌륭한 목수는 자기 마음의 집을 잘 짓는 사람이래. 그런데 자기는 지금 그 마음의 집 속에 미움만 온통 들여놓고 정작 자신은 집 밖에서 떨고 있잖아. 우리 아빠 그 말씀을 기억하시고 자기와의 결혼도 그렇게 쉽게 허락해주셨던 거야."

지난 연말 고등학교 동창회에 나갔다. 오랜만에 보는 얼굴들이라 반가운 마음에 술잔이 여기저기 돌아가기 시작한다. 왁자지껄 떠들썩하게 흥겨운 분위기가 이어지는데 갑자기 한쪽에서 고성이 들리기 시작한다.

"그때 분명히 네가 나한테 그랬다니까!"

"무슨 소리야? 나는 기억도 못하겠는데… 내가 설마 그런 말을 했으려고……."

"그럼 내가 거짓말을 한다는 거야? 2학년 때 수업 끝나고 운동장에서 축구를 하는데 내가 그만 실수로 공을 놓치니까 네가 나한테 '병신 같은 놈'이라고 욕했다니까. 그때 내가 얼마나 기분 나빴는지 알아?"

"아이고, 그걸 아직까지 기억하고 마음에 담아두고 있었어? 미안하다. 내가 사과할게."

살다 보면 다른 사람에게 마음의 상처를 받기도 하고, 돈이나 일, 물질적인 피해를 당하기도 한다. 그러면 상대방에게 미움과 원망이 생기고 심한 경우 적이나 원수가 되기도 한다. 그러나 인간관계에서는 열 명의 친구를 만드는 것보다 한 명의 적을 만들지 않는 것이 무엇보다도 중요하다. 적을 만들지 않으려면 무엇보다 용서할 줄 알아야 한다.

다른 사람의 잘못이나 실수는 "신도 아닌데 당연하지!"라고 생각하며 용서해야 한다. 다른 사람이 나를 비판하면 "아니 땐 굴뚝에 연기 나랴." 생각하고 자신을 반성해야 한다. 그러나 용서는 쉬운 것이 아니다. 20년도 훨씬 지난 고등학교 시절에 친구가 무심코 던진 한마디를 잊어버리지 못하고 평생 비수처럼 가슴에 꽂고 사는 것이 사람이란 어리석은 존재다.

아침 출근길에 들은 아내의 핀잔을 저녁까지 기억하고, 직장 상사에게 들은 꾸중을 일주일이 넘도록 잊지 못한다. 모임에서 다른 사람과 대화 중에 생긴 말싸움을 한 달이 넘도록 가슴에 새겨둔다. 어린 시절 친구에게 들었던 모욕 한마디도 평생에 걸쳐 머릿속에 기억하는 것이 사람이란 우스꽝스러운 존재다.

용서는 어렵다. 그렇지만 "내 머릿속의 지우개"에서 수진이 철수에게 말한 것처럼 마냥 어려운 것만도 아니다. 용서는 "미움에게 방 한 칸만 내주면 되는 것"이다. 아니, 방 한 칸을 내줄 필요도 없이 그냥 머릿속의 지우개로 싸악 지워버리면 된다. 가슴속에 담아두지 말고, 머릿속에 기억하지 말고 그냥 지우개로 지우고 잊어버리면 된다.

인생에는 기억하고 싶은 소중한 것이 너무나 많다. 동쪽 바다의 일출, 서쪽 바다의 일몰, 첫 키스, 운전면허시험에 합격하던 날, 결혼식, 신혼여행, 아이가 태어나던 날, 내 집으로 이사 간 첫날 밤……. 이렇듯 많은 좋은 일만 기억하기도 힘든데 쓸데없이 상처받은 일을 기억하고 있을 필요가 무엇인가?

인생은 짧다. 짧은 인생을 원망과 미움으로 살지 말자. 용서는 내 머릿속의 지우개다.

그냥 머릿속에서 지워버리면 된다. '사랑을 할 때는 연필로 쓰고 용서를 할 때는 지우개로 지우자.'

시간이 아깝다. 사랑하자

한 사람이 있다. 싸우는 모습을 보지 못하였다. 화를 내는 모습을 보지 못하였다. 불만이나 불평하는 모습도 볼 수가 없다. 남을 비난하거나 비판하는 모습도 보지 못하였다. 누군가 무례한 행동을 하여도 화를 내거나 나무라지 않는다. 항상 겸손한 마음으로 남을 배려하고 봉사하며 살아간다. 궁금한 사람들이 그에게 물었다

"당신은 왜 화를 내지 않습니까? 당신은 왜 남을 비난하거나 비판하지 않습니까?"
"그냥요. 그러기엔 시간이 아까운 것 같아서요. 인생은 짧고……."

혹시 이런 사람이 있을까? 아마 있다면 "남을 심판하는 사람은 남을 사랑할 시간이 없다."라고 말한 테레사 수녀 같은 분이었을 것이다. 남을 심판하는 사람은 남을 사랑할 수 있는 소중하고 아까운 시간을 허비해버린 것이다. 인생은 짧으니 아까운 시간을 낭비하지 말자. 피천득 시인은 "여러 사람을 좋아하며 아무도 미워하지 않으며 몇몇 사람을 끔찍이 사랑하며 살고 싶다."라는 말을 남겼다. 참으로 공감되는 말이다. 며칠 전 아는 사람과 말싸움을 하다 문득 그런 생각이 들었다.

'내가 이미 인생의 반을 살았으니 남은 시간이 많지 않다. 이렇게 싸우고 있는 시간이 참으로 아깝구나. 옳고 그름을 따지느니 차라리 지는 것이 낫겠다. 그리고 다른 일, 다른 생각을 하자. 아까운 인생을 이렇게 보내지 말자.'

화를 내는 시간이 아깝다. 다른 사람을 비난하는 시간이 아깝다. 지나간 일을 후회하는 시간이 아깝다. 다른 사람이 가진 것을 부러워하는 시간이 아깝다. 아직 다가오지 않은 일을 걱정하는 시간이 아깝다. 슬픔에 젖어 있는 시간이 아깝다. 어찌 보면 인생은 아까운 시간들로 다 지나가 버리는 것처럼 생각된다.

스위스 작가 마르틴 우스테리(Martin Usteri)는 "램프가 타고 있는 동안 인생을 즐겨라. 시들기 전에 장미를 꺾어라."라고 말하였다. 인생이란 램프도 언젠가는 불이 꺼지며, 아름다운 장미꽃도 시들기 마련이다. 모든 것은 흘러가고 다시 돌아오지 않으니 지금 이 순간이 참으로 아깝지 않은가!

남을 비판하고 싶거나 미움이 생길 때는 시간이 아깝다고 생각하고, 남을 칭찬하거나 차라리 잊어버려라. 아까운 인생을 불행의 시간으로 흘려보내지 마라. 행복한 사람은 행복해지는 것을 선택했을 뿐이며 불행을 선택하기에는 인생이 너무 짧다.

영국의 사상가 존 러스킨(John Ruskin)은 "인생은 흘러가는 것이 아니라 채워지는 것이다. 우리는 하루하루를 보내는 것이 아니라 내가 가진 무엇으로 채워가는 것이다."라고 말하였다. 아까운 시간을 분노와 슬픔, 질투로 흘려보내지 말고 사랑과 기쁨, 행복으로 채워나가라.

생각하면 생각할수록 시간이 아깝다. 더 빨리 용서하자! 더 많이 칭찬하자! 더 많이 웃자! 더 많이 행복하자! 시간이 아깝다, 더 많이 사랑하자!

똥차가 출발하지 않는 이유

며칠 전 한 대기업 중간관리자를 대상으로 커뮤니케이션 특강을 하던 중의 일이다. 몇 가지 사례를 이야기하며 "가는 말이 고와야 오는 말이 곱다."라고 했더니 교육생 한 명이 손을 들고 "교수님, 그게 다 옛말입니다! 요즘은 가는 말이 험해야 오는 말이 곱습니다."라고 말하여 함께 웃은 적이 있다.

세상이 거칠다 보니 이쪽에서 조금이라도 만만한 태도를 보이면 상대방 쪽에서 험하게 나오는 경우를 종종 보게 된다. 특히 교통사고 현장에서는 목소리 큰 사람이 이긴다는 말을 증명이라도 하듯이 자기가 잘못을 해놓고서도 거친 욕설과 험한 말로 기선을 제압하려는 경우도 많이 보게 된다. 그야말로 방귀 뀐 놈이 성내는 격이 아닐 수 없다. 그러나 어찌 되었든 가는 말이 험하면 오는 말은 당연히 험하기 마련이다.

어떤 젊은이가 버스에 탔는데 시간이 지나도 출발하지 않자 운전기사에게 말하였다.

"기사 아저씨, 이 똥차 왜 빨리 출발 안 하는 거예요?"

운전기사가 젊은이를 바라보고 빙긋이 웃으며 말한다.

"손님, 똥이 차야 똥차가 출발하죠."

잔뜩 화가 난 젊은이는 목적지에 도착하여 버스에서 내리면서 운전기사에게 악담을 퍼부었다.

"기사 아저씨, 평생 버스나 운전하세요."

이 말을 들은 운전기사는 젊은이를 향해 가볍게 한마디를 건넸다.

"손님, 평생 버스나 타고 다니세요."

우스개로 지어낸 이야기겠지만 이렇게 세치 혀를 잘못 놀리면 사람이 똥으로 전락할 수도 있는 것이 말이다. 옛말에 말 한마디가 천 냥 빚을 갚는다고 했는데 사람은 평생 500만 마디를 말한다고 하니 우리는 살면서 50억 냥을 입 밖으로 내놓는 것이 된다. 따라서 한마디 한 마디를 말할 때마다 값어치 있는 말을 하도록 노력해야 한다.

인간관계는 커뮤니케이션 관계다. 따라서 좋은 관계를 만드는 것은 좋은 커뮤니케이션이다. 다른 사람과 커뮤니케이션을 할 때는 항상 두 가지를 명심하라. ① 따뜻한 말을 하라. ② 상처 주는 말을 하지 마라. 다른 사람에게 따뜻한 말을 하고 감정이나 자존심에 상처를 주는 말을 하지 않는 것, 그것이 대인관계 커뮤니케이션의 기본이요, 핵심이다. 다른 사람에게 말을 험하게 하고 싶은 마음이 들 때는 똥차가 출발하지 않는 이유를 생각하고 고운 말을 건네도록 노력하자. 가는 말이 고와야 오는 말이 곱다!

인간관계를 망치는 사람들의 특징

사람과 사람의 관계에는 두 가지 종류가 있다. 하나는 기분 좋은 관계이고 다른 하나는 기분 나쁜 관계이다. 기분 좋은 관계는 즐거운 관계, 유쾌한 관계이다. 기분 나쁜 관계는 지겨운 관계, 불쾌한 관계이다. 옛말에 인기를 얻는 비결은 "사람들이 좋아하는 일을 하고 싫어하는 일을 하지 않는 것"이라고 전해지는데 기분 좋은 관계를 만드는 비결 또한 마찬가지다. 상대방이 좋아하는 일을 하고 싫어하는 일을 하지 않으면 된다. 물론 이것이 말처럼 쉬운 일은 아니겠지만 아래와 같은 사람이 되지 않도록 조심한다면 최소한 인간관계를 망치는 일은 많이 줄어들 것이다.

첫째, 계산적인 마음을 가진 사람

상대방이 계산적인 목적으로 나를 대하고 있다는 것이 느껴지면 불쾌감이 형성된다. 특히 영업사원이나 비즈니스맨들의 경우에는 사람에 대한 관심보다는 일이나 계약에 대한 관심만 갖기 쉬운데 이런 마음으로는 좋은 관계를 형성하기 어렵다. 특히 처음부터 만나자마자 일적인 주제로 대화를 이끌어가는 경우도 많은데 이런 사람을 만나면 매우 부담스럽고 불쾌한 느낌이 형성된다.

얼마 전 보험회사에 근무하는 영업사원을 만난 적이 있는데 초면임에도 개인정보를 적어야만 하는 설문지 작성을 요구하여 몹시 당황한 적이 있었다. 사람은 누구나 자기 자신에게 관심을 가져 주는 사람을 좋아하며, 반대로 자신에게 관심을 보여주는 사람에게만 관심을 갖게 된다. 좋은 관계를 만들려면 "인간이 추구해야 할 것은 돈이 아니다. 인간이 추구해야 할 것은 오직 인간이다."라는 푸시킨(Pushkin)의 말을 명심하고 사람 그 자체에 대해 깊은 관심을 가져야 한다.

내가 즐겨 쓰는 말 중에는 '나소너소우소'라는 말이 있는데 "나는 소중하다. 너도 소중하다. 우리는 모두 소중하다."라는 말을 줄여서 만든 표현이다. 누군가를 만날 때는 '나소너소우소'의 마음가짐으로 상대방을 대해야 한다. 좋은 관계를 만들고 싶으면 계산적으로 만나지 말고 인간적으로 만나라.

둘째, 기분 나쁜 말을 하는 사람

말 한마디로 천 냥 빚을 갚는다는 말도 있듯이 무심코 건네는 말 한마디가 친구를 만들기도 하고 평생의 원수를 만들기도 한다. 특히 평상시의 잘못된 말버릇으로 인해 처음 만난 사람에게 부정적인 이미지를 심어주게 되면 좋은 인연을 이어가기 어렵다. 따라서 다른 사람과 대화를 나눌 때는 말 한마디 한마디를 조심스럽게 표현하는 습관을 길러야 한다.

가장 좋은 것은 기분 좋은 말을 많이 하고 기분 나쁜 말은 하지 않는 것이다. 기분 나쁜 말에는 잘난 척하는 말, 비난하는 말, 무시하는 말, 부정적인 말, 거북한 말 등이 있다. 그중에서도 처음 만난 사람에게 수치심이나 모욕감을 느끼게 하는 말은 좋은 관계를 해치는 가장 대표적인 유형이다. 누군가와 대화를 할 때는 상대방의 생각에 반대하거나 반박하기보다는 긍정적인 면에 초점을 맞추어 칭찬을 아끼지 말아야 한다. 막스 뮐러는 "칭찬은 배워야 할 예술이다."라는 말을 남겼다. 사람들을 만날 때는 기분 나쁜 말을 삼가고 기분 좋은 말을 많이 하라.

그리고 상황에 맞지 않는 이야기를 화제로 꺼내는 것도 피해야 한다.

특히 정치, 종교, 성(性)에 관련된 이야기는 상대방에 따라서 매우 민감하게 받아들여질 수 있는 소재이므로 꼭 필요한 상황이 아니면 삼가야 한다. 여성의 나이나 결혼 유무에 대한 질문을 하는 것도 국제적인 매너에 맞지 않는다. 좋은 관계를 만들고 싶으면 상대방에게 기분 좋은 말을 하라.

셋째, 불쾌한 행동을 하는 사람

좋은 관계를 망치는 또 하나의 유형은 불쾌한 행동을 일삼는 사람이다. 표정이 어두운 사람, 인사성이 없는 사람, 자세가 오만한 사람, 태도가 무례한 사람, 이기적인 행동을 하는 사람, 혐오감을 주는 행동을 하는 사람 등이 여기에 해당된다. 또한 대화를 나눌 때 다른 사람의 말을 일방적으로 끊는 사람, 자기주장만 내세우는 사람, 다른 사람의 이야기에는 관심을 보이지 않는 사람도 마찬가지다. 이런 사람들은 대부분 다시는 만나고 싶지 않은 기분 나쁜 관계로 끝나버린다. 좋은 관계를 만들려면 항상 겸손하게 행동하고 상대방을 존중하는 자세를 가져야 한다. 또한 다른 사람에게 혐오감을 주는 행동을 삼가야 한다.

내가 아는 30대 중반의 직장인 K는 일어서 있을 때는 짝다리를 짚고, 자리에 앉으면 다리를 꼬는 매우 좋지 못한 습관을 가지고 있다. 게다가 대화를 할 때는 무의식적으로 다리를 떠는 버릇이 있는데 몇 번을 이야기해도 쉽게 고치지 못하고 있다. 이런 행동을 하게 되면 다른 사람에게 부정적인 이미지를 주게 마련이다. 좋은 관계를 만들고 싶으면 불쾌감을 형성하는 행동을 하지 말아야 한다.

우리는 사회에서 수많은 사람들과 다양한 관계를 맺으며 살아간다. 어떤 관계는 좋은 관계로 남고 어떤 관계는 나쁜 관계로 발전된다. 좋은 관계를 만드는 것은 마음, 말, 행동의 세 가지 요소에 달려있다는 것을 명심하라. 계산적으로 만나지 말고, 기분 나쁜 말을 하지 말고, 불쾌한 행동을 삼가라. 반드시 좋은 관계가 만들어질 것이다.

인간관계 10계명

사람은 사회적 존재, 관계의 동물이다. 태어나서 죽을 때까지 수많은 인간관계를 맺는데 행복과 불행, 기쁨과 슬픔이 대부분 인간관계에서 비롯된다. 좋은 인간관계를 맺기 위해 필요한 10계명을 알아보고 함께 실천해보자.

1. 먼저 손 내밀어라.

사람들은 먼저 다가서지 않으며 상대방이 다가오기를 기다린다. 친구를 사귀고 싶으면 먼저 손을 내밀고 악수를 청하라. 용기 있는 자만이 미인을 얻고 먼저 다가서는 자만이 친구를 얻는다.

2. 호감을 가져라.

사람은 자기를 좋아하는 사람을 좋아한다. 사람은 자기에게 관심을 보이는 사람에게 관심을 가진다. 호감과 관심을 받고 싶으면 상대방에게 호감과 관심을 가져라.

3. 통하라.
인간관계는 커뮤니케이션 관계며 커뮤니케이션은 통하는 것이다. 대화 중에 말, 생각, 감정이 진심으로 통해야 서로 통하는 사이가 된다. 공감하라! 상대방의 말을 집중하여 경청하고 상대방을 수용, 이해, 인정, 지지하라.

4. 따뜻한 말을 하라.
상대방에게 힘과 용기를 주는 말을 하라. 상대방에게 기쁨과 즐거움을 주는 말을 하라. 사랑과 애정이 담긴 말로 상대방의 마음을 따뜻하게 하라.

5. 상처주지 마라.
상대방을 비판, 비난하지 마라. 상대방에게 책임과 잘못을 전가하지 마라. 상대방의 감정과 자존심에 상처를 주지 마라.

6. 속을 보여줘라.
열 길 물속은 알아도 한 길 사람 속은 모른다고 했다. 모르면 이해할 수 없고 이해할 수 없으면 친해지지 않는다. 솔직하게 생각, 감정을 표현하고 속을 보여줘라. 때로는 비밀도 공유하라.

7. 많이 웃고, 많이 웃겨라.

사람들은 잘 웃는 사람을 좋아한다. 사람들은 잘 웃기는 사람을 좋아
한다. 사람들은 밝고 유쾌한 사람을 좋아하니 자주 웃고, 자주 웃겨라.

8. 챙겨줘라.

상대방의 일을 내 일처럼 생각하라. 상대방의 애경사를 내 애경사처럼
생각하라. 상대방에게 필요한 일, 도움이 되는 일을 미리미리 잘 챙겨줘라.

9. 참고 이해하고 용서하라.

인간관계에서 가장 중요한 것은 참는 것이다. 인간관계에서 가장 중요
한 것은 참고 이해하는 것이다. 인간관계에서 가장 중요한 것은 참고 이
해하고 용서하는 것이다.

10. 먼저 등 돌리지 마라.

인간관계가 쉽게 친해지지 않는다고 먼저 등 돌리지 마라. 별 볼일 없
다고 먼저 등 돌리지 마라. 섭섭하다고 먼저 등 돌리지 마라. 한 번 맺
은 인연을 소중히 하고 절대로 먼저 등 돌리지 마라.

제2장

갈등의
원인과 대처방법

갈등이 발생하는 일곱 가지 원인

갈등이 발생하는 원인은 크게 일곱 가지 유형으로 나뉜다. 일곱 가지 원인이 독립적으로 영향을 주기도 하지만 대부분의 갈등은 몇 가지 원인이 복합적으로 작용하여 갈등을 일으킨다. 그러나 그중에서도 가장 본질적인 원인이 무엇인지 알아야 갈등을 슬기롭게 해결할 수 있다.

1) 반감

반감은 다른 사람을 처음 만났을 때 특별한 원인이나 이유 없이 생기는 적대적 감정이다. 티브스라는 학자에 의하면 사람이 최초 대면 시에 다른 사람에게 느끼는 감정은 우애감 46%, 무관심 22%, 적대감 32%라고 한다. 반감을 형성하지 않으려면 호감 가는 첫인상을 줄 수 있도록 노력하고 자신의 말이나 행동이 다른 사람의 반감을 사지 않도록 주의해야 한다.

2) 가치관의 대립

가치관, 견해가 다르면 갈등이 발생한다. 사람 중심의 가치와 물질 중심의 가치, 조직 중심의 가치와 개인 중심의 가치, 회사 중심의 가치와 고객 중심의 가치는 서로 갈등을 빚을 수 있다. 결혼관, 직업관, 인생관 등 사람마다 다양한 가치관을 가지고 있으며 이러한 가치관이 대립되면 갈등이 생길 수 있다.

3) 경향의 대립

가치관에는 차이가 없으나 선호하는 방법, 기호, 취향 등의 차이에서 갈등이 발생한다. 외식을 하려는데 무엇을 먹을 것인지 선택하는 과정에서 갈등이 빚어진다. 산과 바다 중에서 어디로 여행을 갈 것인지를 놓고 갈등이 발생한다. 영업목표 달성을 위한 실행 방법을 놓고 갈등이 생긴다. 업무 방식을 둘러싸고 갈등이 노출된다. 이처럼 서로의 경향이 다르면 갈등이 발생한다.

4) 이해관계의 대립

이해관계가 대립될 때 갈등이 생긴다. 임금 인상 및 보너스 지급을 둘러싼 노사분규, 재산상속을 둘러싼 형제간의 분쟁, 업무 분장이나 승진 문제로 인한 직원 간의 갈등이 이해관계의 대립으로 발생하는 갈등이다.

5) 감정의 대립

감정적인 문제로 인해 갈등이 발생하기도 하고, 다른 원인으로 발생한 갈등이 감정적인 대립으로 전개되기도 한다. 상대방의 말과 행동에 상처를 받아 분노, 수치심, 질투심, 원망, 복수심 등의 적대적 감정이 생기면 갈등이 발생, 심화된다.

6) 상황의 대립

상황 자체에서도 갈등이 생긴다. 집회 현장에서 시위대와 경찰 사이에서 발생하는 갈등은 불가피한 상황적 갈등이다. 시어머니와 며느리 사이에 갈등이 생기면 남자들은 아들과 남편의 역할 차이에서 상황적 갈등을 겪는다. 물건을 팔고자 하는 영업사원과 물건을 사고 싶지만 구매결정권이 없는 고객 사이에는 상황의 대립에 따른 갈등이 존재한다.

7) 오해

두 사람 사이에 오해가 있으면 갈등이 발생한다. 문상 때문에 밤을 새고 들어 온 남편과 그의 말을 믿지 못하는 아내 사이에는 오해로 인한 갈등이 생긴다. 부서 미팅에서 아무 의견도 제시하지 않았더니 자신의 의견에 반대하는 것으로 상사가 오해하여 갈등이 생긴다. 임금 교섭에서 회사의 경영 실적을 둘러싸고 노사 간에 오해가 생기면 갈등이 생긴다.

지금까지 갈등의 원인을 일곱 가지 유형으로 알아보았다. 예를 들어 다시 설명해보자. 평상시에 담배 심부름을 잘하던 아내에게 담배를 사 와 달라고 말하자 갑자기 화를 벌컥 내며 담배 심부름을 못 하겠다고 말했다. 어떤 원인 때문에 그런 것일까? 반감을 제외한 여섯 가지 원인별로 살펴보면 아래와 같을 수 있다.

첫째, 가치관의 대립

담배는 건강에 해로운 것이니 가족을 생각해서라도 이제 그만 담배를 끊어라.

둘째, 이해관계의 대립

나도 이제 나이가 50이 넘었으니 담배 심부름 같은 일은 더 이상 하고 싶지 않다. 앞으로 담배는 직접 사다 피어라.

셋째, 경향의 대립

담배를 한꺼번에 몇 보루 사놓으면 자주 가지 않아도 되는데 돈 낭비라고 꼭 한 갑씩만 산다. 앞으로는 한 달 치씩 사라.

넷째, 감정의 대립

2시간 전에 나를 보고 '걸어 다니는 오겹살'이라고 놀렸다. 살이 조금 쪘기로서니 그렇게 나를 무시하다니 너무 분하고 괘씸하다. 기분 나빠서 담배 못 사다 주겠다.

다섯째, 상황의 대립

지금 나도 바빠 죽겠다. 설거지도 해야 되고, 청소도 해야 되고, 빨래도 널어야 한다. 또 둘째아들 숙제도 돌봐줘야 한다. 이렇게 바쁠 때는 당신이 직접 가라.

여섯째, 오해

담배를 사오라고 나를 보내놓고 친구들에게 술 먹자고 전화할 모양이다. 며칠 동안 조용히 넘어간다 했더니 다시 시작이구나. 절대로 틈을 주면 안 되겠다.

이처럼 여러 가지 원인에 의해 갈등이 발생할 수 있다. 따라서 갈등을 해결하려면 원인 분석이 가장 중요하다. 원인을 무엇으로 생각하느냐에 따라 해결 방법이 전혀 달라진다. 갈등이 생기면 일곱 가지 유형 중에서 원인을 찾아보고 거기에 맞는 해결책을 마련해보자.

성격과 행동의 차이가 갈등을 유발한다

사람마다 얼굴이 다르고, 지문이 다르고, DNA가 다르듯이 성격과 행동양식 또한 제각각 다르다. 그리고 이렇게 서로 다른 차이점으로부터 갈등이 발생한다.

취업포털 커리어가 직장인 1,156명을 대상으로 설문조사를 실시한 바에 따르면, 직장 상사와 갈등이나 마찰을 겪는 가장 큰 원인으로 24.2%가 '성격 차이가 커서'라고 응답했다. '부하 직원을 하인 부리듯 해서'는 17.8%, '직장 상사가 일을 너무 못하거나 안 해서' 17.1%, '부하 직원의 능력을 인정해주지 않아서' 12.1%, '너무 많은 일을 시켜서' 11.9%, '폭언이나 비난 등 인격적으로 무시해서' 8.8% 순이었다.

이렇게 성격과 행동양식의 차이가 갈등이 발생할 수 있는 원인을 제공하지만 최종적인 요인은 아니다. 갈등은 상호 간의 차이점 때문이 아니라 차이점에 대한 비판이나 무시를 통해 부정적인 정서가 형성될 때 갈등이 일어난다. 따라서 갈등을 예방하려면 사람들이 저마다 다른 성격과 행동양식을 지니고 있다는 사실을 이해하고 받아들여야 한다. 인간의 성격과 행동유형을 분류한 연구 결과에는 다음과 같은 것들이 있다.

1) 에니어그램

에니어그램이란 '에니어(ennear; 9, 아홉)'라는 단어와 '그라모스(grammos; 도형·선·점)'라는 단어의 합성어이다. 즉, 에니어그램은 그리스어로 '아홉 개의 점이 있는 그림'이라는 뜻이다. 에니어그램의 역사는 추정된 것에 의해서만 보면 약 4,500여 년 전(기원전 2500년 전)에 중동 지방(현재의 아프가니스탄)에서 발생했다. 그리고 수천 년 동안 기독교, 불교, 이슬람교(특히 수피즘), 유대교(카발라)에 의해 축적되어 왔다. 현재의 에니어그램 이론은 어떤 한 가지 근원에서 온 것이 아니며, 고대의 지혜와 현대의 심리학이 결합된 것이다.

에니어그램은 사람을 아홉 가지 유형으로 분류하며, 어떤 사람이라도 그중 하나의 유형에 속할 수 있다고 설명한다.

1번 유형 - 완벽주의자

바르게 살고, 자신과 이 세상을 좀 더 이상적이고 공정하게 만들고, 화내지 않으려는 욕구에 따라 행동한다. 이들은 양심적이고, 원칙을 고수하며, 현실적이고, 자신의 높은 이상에 따라 살려고 열심히 노력한다. 그들은 개혁가, 완벽주의자 경향이 강하다.

2번 유형 - 조력가

사랑을 주고받으며, 남에게 도움이 되고, 좋은 감정을 표현하고 자신은 도움이 필요 없는 사람이 되려는 욕구에 따라 행동한다. 이들은 따뜻하고, 배려하며, 보살펴주고, 다른 사람의 필요에 민감하게 반응한다. 이들은 돕는 사람들이다.

3번 유형 - 야심가

성공적이고 효율적이며 실패하지 않으려는 욕구에 따라 행동한다. 이들은 목표 지향적이고, 열정적이고, 자신감 있고, 긍정적이다. 이들은 성공을 추구하는 사람들이다.

4번 유형 - 예술가, 낭만주의자

자신의 독특함을 경험하고 이해 받으며, 삶의 의미를 찾으며, 평범함을 거부하려는 욕구에 따라 행동한다. 이들은 감수성이 풍부하며, 직감이 뛰어나고, 창조적이며, 연민이 많고, 섬세하다. 이들은 낭만적인 사람들이다.

5번 유형 - 관찰자, 사고주의자

모든 것을 알고 이해하며, 스스로 문제를 해결하고, 어리석은 사람으로 보이지 않으려는 욕구에 따라 행동한다. 이들은 내향적이며, 호기심이 많고, 분석적이며, 통찰력이 있다. 이들은 관찰하는 사람들이다.

6번 유형 - 현실주의자

안전하고 확실하게 살며, 일탈하지 않으려는 욕구에 따라 산다. 이들은 책임감이 강하고, 의무에 충실하며 신중하다. 이들은 두려움과 의심이 많은 사람들이다.

7번 유형 - 모험가

즐겁게 살고 모험을 즐기며, 세상의 행복에 기여하고, 고통을 피하려는 욕구에 따라 행동한다. 이들은 생동감 있고 낙천적이며, 재빠르고 에너지가 넘친다. 이들은 모험심이 강한 사람들이다.

8번 유형 - 지도자

강한 사람이 되고, 약자를 보호하는 의리 있는 대장이 되고, 약해지지 않으려는 욕구에 따라 행동한다. 이들은 강하고, 직선적이고, 자신감 있게 보이고, 단순하다. 이들은 자기주장이 강한 사람들이다.

9번 유형 - 평화주의자

평온을 유지하고 주변과 잘 어울리며 갈등을 피하려는 욕구에 따라 행동한다. 이들은 느긋하고 온순하며 수용적이고 편하다. 이들은 평화주의자들이다.

2) DiSC

사람들은 태어나서부터 성장하여 현재에 이르기까지 자기 나름대로의 독특한 동기 요인에 의해 일정한 방식의 행동을 취하게 된다. 그것은 하나의 경향성을 이루게 되며 자신이 일하고 있거나 생활하는 환경에서 아주 편안한 상태로 자연스럽게 행동하게 되는데, 이러한 행동의 경향성을 행동 패턴(Behavior Pattern) 또는 행동 스타일(Behavior Style)이라고 한다.

사람들이 이렇게 행동의 경향성을 보이는 것에 대해 1928년 미국 컬럼비아대학교 심리학과 교수인 윌리엄 몰튼 마스턴(William Moulton Marston) 박사는 독자적인 행동유형 모델을 만들어 설명하고 있다. 마스턴 박사에 의하면, 인간은 환경을 어떻게 인식하고 또한 그 환경 속에서 자기 개인의 힘을 어떻게 인식하느냐에 따라 네 가지 형태로 행동하게 된다.

이러한 인간의 행동을 마스턴 박사는 각각 주도형, 사교형, 안정형, 신중형, 즉 'DiSC 행동유형'으로 부른다. 'DiSC'는 인간의 행동유형(성격)을 구성하는 네 가지 핵심 요소인 Dominance, Influence, Steadiness, Conscientiousness의 약자이다.

D 주도형	i 사교형
- 뚜렷한 성과를 냄	- 사람과 접촉함
- 활기 있게 행동함	- 호의적 인상을 줌
- 도전을 받아들임	- 타인을 동기 유발함
- 지도력이 있음	- 사람을 즐겁게 함
- 빠르게 결정함	- 그룹에 참여

C 신중형	S 안정형
- 세부 사항에 신경을 씀 - 익숙한 환경을 선호함 - 일을 정확히 처리함 - 사고방식이 엄격함 - 상황을 분석하고 　위험 요인을 파악함	- 고정 직무를 수행함 - 인내심이 있음 - 직무에 전념함 - 타인을 배려하고 협력함 - 남의 이야기를 경청해줌

〈한국교육컨설팅연구소 자료 참조〉

3) MBTI

1921~1975년에 캐서린 쿡 브릭스(Katharine Cook Briggs)와 이사벨 브릭스 마이어(Isabel Briggs Myers) 모녀에 의해 개발되었다. 성격유형은 모두 16개이며 외향형과 내향형, 감각형과 직관형, 사고형과 감정형, 판단형과 인식형 등 네 가지의 분리된 선호 경향으로 구성된다. 선호 경향은 교육이나 환경의 영향을 받기 이전에 잠재되어 있는 선천적 심리 경향을 말하며, 각 개인은 자신의 기질과 성향에 따라 각각 네 가지의 한쪽 성향을 띠게 된다.

Ⅰ : 내향형(Introversion)의 약자

E : 외향형(Extraversion)의 약자

S : 감각형(Sensing)의 약자

N : 직관형(iNtuition)의 약자
T : 사고형(Thinking)의 약자
F : 감정형(Feeling)의 약자
J : 판단형(Judging)의 약자
P : 인식형(Perception)의 약자

ISTJ 세상의 소금형	ISFJ 임금 뒷편의 권력형	INFJ 예언자형	INTJ 과학자형
ISTP 백과사전형	ISFP 성인군자형	INFP 잔다르크형	INTP 아이디어 뱅크형
ESTP 수완좋은 활동가형	ESFP 사교적인 유형	ENFP 스파크형	ENTP 발명가형
ESTJ 사업가형	ISFJ 친선도모형	ENFJ 언변능숙형	ENTJ 지도자형

이 외에도 사람의 성격과 행동을 유형별로 분석한 조사 결과에는 많은 방법이 있다. 그러나 사람을 획일적인 기준에 의해 특정한 유형으로 판단하는 것은 진실을 왜곡하거나 오류를 범할 가능성이 많다. 따라서

절대적인 기준이 아니라 사람의 행동양식을 이해하는 데 도움을 주는 참고자료로만 받아들여야 한다. 누군가가 나와 다른 가치관, 취향, 행동양식을 지녔다면 당연한 사실로 받아들여라. 나와 다르다고 부정하거나 비난하게 되면 그것이 바로 갈등의 원인이 된다. 인간관계에서 갈등을 예방하려면 모든 사람은 서로 다르다는 사실을 이해하고 상대방의 성격과 행동양식을 있는 그대로 받아들여라.

직장생활 갈등 지수

아래 항목을 읽고 1~10점 사이에서 자신에게 해당하는 점수를 측정한 후 모두 합산하라.

1. 나는 상사가 지시한 일은 책임감 있게 수행한다. ( )
2. 나는 상사의 의견이나 충고를 존중한다. ( )
3. 나는 상사에게 업무상 애로사항이나 개인적 고민을 상의한다. ( )
4. 나는 동료와의 관계에서 항상 솔선수범하고 양보한다. ( )
5. 나는 동료와의 관계에서 공과 사를 분명히 구분한다. ( )
6. 나는 잘된 일은 동료의 공으로 돌리고 잘못된 일은
   내 탓으로 돌린다. ( )
7. 나는 부하나 후배들을 인격적으로 대우한다. ( )
8. 나는 부하나 후배들을 차별대우하지 않는다. ( )

9. 나는 부하나 후배들에게 칭찬과 인정을 아끼지 않는다.　　(　)
10. 나는 모든 사람에게 인정받는 업무 능력을 갖추고 있다.　(　)

해 설)

• 81점 이상

이 점수에 해당하는 사람은 직장생활에 거의 갈등이 없다고 할 수 있기 때문에 지금처럼 일관되게 행동하면 된다. 다만 갈등은 자신의 의도와 상관없이 돌발적으로 발생할 수 있다는 점을 명심하고 평상시에 좋은 인간관계를 형성하고 있는 사람들에게도 잘못이나 실수를 저지르지 않도록 조심해야 한다. 인간관계는 유리와 같아 사소한 말 한마디에도 쉽게 깨질 수 있으며 한번 무너진 신뢰는 회복하기 어렵다. 친해졌다고 함부로 대하지 말고 더욱더 존중하는 마음으로 사람들을 대하라.

• 51~80점

이 점수에 해당하는 사람은 다른 사람들과 때때로 갈등을 빚는다. 상사, 동료, 부하 직원 중에 어떤 사람과 갈등이 가장 많이 생기는지 생각해보고 부족한 면을 지속적으로 개선해나가야 한다. 특히 일적인 갈등보다는 개인적인 이해와 신뢰의 부족 때문에 갈등이 발생하는 경우가 많기 때문에 평상시에 친밀한 관계를 형성하도록 노력하는 것이 중요하다. 상사, 동료, 부하에게 존중하는 태도를 취하고, 개인적인 사항에 관심을 두며, 자주 대화를 나누고, 호의를 제공하거나 일을 도와주며, 적극적으로 배려해야 한다.

• 50점 이하

이 점수에 해당하는 사람은 자주 심각한 갈등을 빚는 유형이다. 자신의 말과 행동, 업무 처리에 기본적인 문제점이 있다는 사실을 자각하고 갈등을 예방하기 위해 많은 노력을 기울여야 한다. 특히 업무와 관련해서 불필요한 갈등이 빚어지지 않도록 조심해야 한다. 상사의 지시는 책임감 있게 수행하고, 동료 간에는 솔선수범의 자세를, 부하 직원에게는 공정한 태도를 유지해야 한다.

갈등에 대처하는 여섯 가지 방법

2008년 매일경제가 실시한 설문조사에 의하면 '학교 동기나 직장 동료들을 신뢰하느냐'는 질문에 응답자의 58.4%만이 '신뢰한다'고 답했다. 한국인 10명 중 4명 이상은 매일 얼굴을 맞대는 학교 친구와 회사 동료들을 신뢰하지 못하고 있는 것이다.

LG경제연구원에 따르면 국내 직장의 프렌드십 점수는 100점 만점에 52.4점에 불과하다. 그중에서도 상사와 부하 직원 간의 프렌드십은 매우 낮은 수준이다. 상호 존중감은 49.6점, 신뢰감은 51.7점, 상호관계의 양은 47.8점에 그쳐 평균에도

학교 동기•직장 동료 신뢰하나

못 믿는다
58.4

믿는다
58.4

단위=%

믿는다
58.4

*20세 이상 남녀 1,500명 대상 매일경제 설문조사

미치지 못하고 있다. 응답자 10명 중 6명은 현재의 상사와 다시 일하고 싶지 않다며 넌더리를 냈다.

이런 직장에서는 필연적으로 갈등이 발생하기 마련이다. 과연 어떻게 대처하는 것이 바람직할까? 갈등이 생기면 사람마다 대처하는 방법이 다르다. 크게 분류하면 내가 바뀔 것이냐, 아니면 상대를 바꿀 것이냐로 나눌 수 있지만 조금 더 세분화하면 수용, 회피, 협상, 대결, 단절, 중재의 갈등 대처 방법이 존재한다. 갈등이 발생하면 수용-회피-협상-대결-중재-단절의 여섯 단계를 갈등 해결 시스템으로 가동하라.

1) 수용

갈등이 생겼을 때 선택할 수 있는 첫 번째 대처 방법은 '수용'이다. 수용은 내가 상대방에게 양보하는 것이다. '남존여비'를 우스갯말로 풀이하면 "남자가 존재하려면 여자의 비위를 맞춰야 한다."라는 뜻이 된다고 한다. 부부싸움에서 "지는 것이 이기는 것이다."라는 말처럼 내가 상대방의 말, 행동, 입장, 상황을 이해하고 받아들이는 것이 수용이다. 수용을 잘 하려면 다른 사람을 꼽게 보지 않고 곱게 보는 마음, 겸손한 마음, 이해하고 배려하는 마음이 중요하다. 나의 그릇의 크기가 커야 다른 사람을 수용할 수 있다.

2) 회피

두 번째 대처 방법은 '회피'다. 회피는 연기, 보류하는 것이며 잠시 묻어두는 것이다. 부부 관계에서 싸움이 일어날 수 있는 민감한 사항을 건드리지 않고 덮어두는 것이 회피다. 직장에서 갈등을 빚고 있는 상사나 동료를 피해 다니는 것도 회피의 방법이다. 지금 바로 해결하기 어렵거나, 시간을 두고 해결할 수 있을 때는 회피도 적절한 대처 방법이다.

3) 협상

수용이나 회피가 불가능하면 세 번째 대처 방법은 '협상'이다. 갈등의 원인을 분석해보고 해결 단계에 따라 대화와 타협을 통해 절충하는 것이다. 이를 위해서는 상대방의 생각, 감정, 상황을 잘 헤아리고 상대방이 바라는 진정한 목표가 무엇인지 파악할 수 있어야 한다. 동시에 상대방에게 나의 생각, 감정, 상황을 정확하게 인식시키고 오해가 발생하지 않도록 해야 한다. 상대방과 대화할 때는 부정적, 공격적 표현을 해서는 안 되며 긍정적이고 객관적으로 소통해야 한다. 협상력에 따라 결과가 달라지므로 협상력을 높이는 이론과 기법을 학습하는 것이 바람직하다.

4) 대결

네 번째 대처 방법은 '대결'이다. 수용, 회피, 협상이 불가능하면 결국 대결이 불가피한데 이 과정에는 설득력이 중요해진다. 내가 원하는 대로 갈등을 해결하려면 힘, 관계, 목표, 동기, 신념의 다섯 가지 측면에서 상대방을 바꿀 수 있는 방법을 찾아야 한다.

5) 중재

대결의 방법을 통해서도 갈등이 해결되지 않을 경우 '중재'를 선택할 수 있다. 당사자 모두가 신뢰할 수 있는 제삼자에게 갈등의 해결을 의뢰하는 것이다. 조정자에게 주어진 권한에 따라 강제조정, 임의조정으로 나눌 수 있다. 강제조정은 조정자의 결정을 무조건 수용하는 것이며 임의조정은 권고사항으로 받아들여진다.

6) 단절

모든 방법이 불가능할 경우 마지막 방법이 '단절'이다. 단절은 관계를 끊는 것이다. 친구나 연인 사이에 갈등이 심하면 결별을 하고, 직장 내 인간관계에 갈등이 생기면 퇴직을 하고, 부부관계에 갈등이 생기면 이혼을 하는 것이 바로 단절이다. 단절은 최선의 방법이라고 말할 수는 없지만 최악의 상황을 막기 위해 선택할 수 있는 해결 방법이다.

이상과 같이 갈등에 대처하는 방법을 여섯 가지 유형으로 구분하여 알아보았다. 실제 사례를 통해 어떻게 적용되는지 생각해보자.

중학교에 다니는 딸이 아빠에게 "마음에 드는 신발을 사고 싶은데 4만 원이 부족하니 보태주세요."라고 말하였다. 몇 가지 이유로 4만 원을 주는 것에 갈등을 느끼는 아빠는 어떻게 대처하면 될까? 갈등 해결시스템을 작동하여 수용-회피-협상-대결-조정-단절의 순서로 해결 방법을 찾으면 된다.

첫째, 수용해준다.

아이의 요구를 받아들일 수 있으면 수용하면 된다. 내가 생각하는 가치관에 맞지 않더라도 상대방의 생각을 인정하고 받아들일 수 있으면 그냥 100% 수용하면 된다.

둘째, 시간을 연기할 수 있는 사항이면 회피한다. "일요일까지 할인기간이니 토요일까지 결정하자."라고 대답한다. 그리고 충분한 시간을 갖고 어떻게 대처할 것인지 생각해본다.

셋째, 요구를 들어줄 수밖에 없다고 판단되는 경우 협상한다. "4만 원을 보태주는 대신 세 가지 약속을 하자.", "4만 원을 보태주는 대신 용돈에서 2만 원을 갚으렴."이라고 협상할 수 있다. 우리가 겪는 갈등은 대부분 협상을 통해 해결된다. 결국 협상을 잘하는 사람이 갈등을 잘 해결할 수 있다.

넷째, 협상의 필요성을 느끼지 못하거나 불가능하면 대결한다. 상대방을 설득하여 나의 뜻대로 따라오게 해야 한다. 설득은 물리적인 힘보다는 객관적인 정보나 데이터를 바탕으로 논리적이고 구체적으로 이뤄져야 한다. "3개월 전에 산 신발도 멀쩡한데 벌써 새 신발을 살 수는 없다.", "돈을 빌려서 물건을 사는 것은 좋지 않은 습관이다.", "학생 신분에 너무 비싼 신발이다."

다섯째, 협상이나 대결을 통해서도 갈등이 해결되지 않으면 믿을 만한 사람에게 중재를 부탁한다. 할아버지, 엄마 같은 가족이 될 수도 있고 선생님, 친구 같은 주변 사람이 될 수도 있다. 조정자에게 결정권을 부여할 수도 있고 참고사항으로만 할 수도 있다.

여섯째 방법인 단절은 이 사례에서는 적절치 않으므로 언급치 않는다. 다만 결혼할 배우자를 놓고 부모와 자식 간에 갈등이 심해지면 실제로 부모자식 간의 인연을 '단절'하기도 한다.

교육을 나가 워크숍을 진행할 때가 있다. 조별로 앉아있는 사람들에게 발표자를 한 사람 뽑으라고 말하면 다음과 같은 현상이 발생한다. 첫째 눈을 피하거나 묵묵히 책상 위만 쳐다보는 사람이 생긴다. 회피의 유형이다. 둘째, 다른 사람을 바라보고 눈싸움을 하거나 서로 발표하라고 미룬다. 대결의 유형이다. 셋째, 서로 타협하기 시작한다. "이번에는 네가 해. 다음에는 내가 할게.", "오른쪽부터 순서대로 돌아가면서 발표합시다." 협상의 유형이다. 넷째, 대결이나 협상 과정을 지켜보다 한 사람이 말한다. "그냥 내가 발표할게요. 수용의 유형이다. 다섯째, 발표자가 쉽게 결정될 기미가 보이지 않을 때 누군가 의견을 제시한다. "제일 연장자인 김 부장님 의견에 무조건 따릅시다." 중재의 유형이다. 여섯번째, 비슷한 갈등이 지속되고 한 사람만 발표하는 상황이 계속 반복되면 그 사람은 다음과 같이 말할 수도 있다. "다른 조로 옮겨주세요." 단절의 유형이다.

세상에서 가장 어려운 것이 인간관계에서 발생하는 갈등이다. 갈등이 생기면 대부분의 사람들은 '대결'을 통해 해결하려 든다. 감정적으로 대립하고, 책임과 잘못을 상대방 탓으로 돌리며, 상대방을 자신의 뜻에 맞게 바꾸려고 한다. 그러나 대결은 갈등 해결의 네 번째 차선책일 뿐이다. 갈등을 해결하려면 수용-회피-협상-대결-중재-단절의 여섯 가지 대처 유형을 잘 활용하는 것이 바람직하다. 상대방을 바꾸기보다는 먼저 나를 바꾸고, 시간을 두고 대처하고, 대화를 통해 절충하고, 논리적으로 설득하고, 제삼자에게 중재를 부탁하고, 최후의 방법으로 단절을 선택하면 된다. 갈등의 여섯 가지 대처 유형을 잘 이해하여 다른 사람과 갈등이 발생하면 단계적으로 대처해보자.

갈등 대처 유형 체크리스트

아래 항목의 내용을 읽어보고 자신에게 해당하는 설명에 V자로 체크하라.

1. 나는 싫어하는 사람이 생기면 그 사람을 피해다닌다. (　)
2. 나는 싫어하는 사람이 생기면 그 사람을 있는 그대로 용인한다. (　)
3. 나는 싫어하는 사람이 생기면 그 사람에 대해 이해하려
   노력한다. (　)
4. 나는 싫어하는 사람이 생기면 그 사람에게 적대적으로
   행동한다. (　)

1. 나는 다른 사람과 논쟁이 벌어지면 입을 다물어버린다. (　)
2. 나는 다른 사람과 논쟁이 벌어지면 상대방의 의견에 따른다. (　)
3. 나는 다른 사람과 논쟁이 벌어지면 참고할 만한 점을 찾는다. (　)

4. 나는 다른 사람과 논쟁이 벌어지면 내 주장을 관철시키려
   노력한다.   (   )

1. 나는 다른 사람의 비판을 받으면 무시한다.   (   )
2. 나는 다른 사람의 비판을 받으면 인정한다.   (   )
3. 나는 다른 사람의 비판을 받으면 반성과 해명을 병행한다. (   )
4. 나는 다른 사람의 비판을 받으면 강하게 반발한다.   (   )

1. 나는 다른 사람의 잘못이나 실수를 보면 모른 척한다.   (   )
2. 나는 다른 사람의 잘못이나 실수를 보면 이해한다.   (   )
3. 나는 다른 사람의 잘못이나 실수를 보면 적절한 시점에
   조언한다.   (   )
4. 나는 다른 사람의 잘못이나 실수를 보면 즉각 바로잡으려
   시도한다.   (   )

1. 나는 부당하다고 생각되는 지시를 받으면 업무 처리를 미룬다. (   )
2. 나는 부당하다고 생각되는 지시를 받아도 순순히 따른다. (   )
3. 나는 부당하다고 생각되는 지시를 받으면 대화를 통해 개선을
   시도한다.   (   )
4. 나는 부당하다고 생각되는 지시를 받으면 업무를 거부한다. (   )

해 설)
- 1번 항목이 가장 많이 나오는 사람 – 회피형

다른 사람과의 갈등을 원치 않기 때문에 항상 소극적인 말과 행동을 취한다. 따라서 나로 인해 갈등이 빚어지는 상황은 발생하지 않는다. 그러나 이런 태도는 갈등이 해소되는 것이 아니라 잠재되어 있는 상황이기 때문에 항상 상대방 쪽으로부터 갈등이 폭발할 위험을 끌어안고 있으며 건강한 직장생활이라고 말하기 어렵다. 조금 더 능동적이고 적극적인 자세로 대인관계에 임해야 한다.

- 2번 항목이 가장 많이 나오는 사람 – 수용형

여기에 해당하는 사람도 비교적 갈등이 적은 편이다. 반면에 지나치게 복종적인 말과 행동으로 인해 다른 사람들로부터 무시를 당하거나 자신의 실리를 챙기지 못할 가능성이 높다. 따라서 자신의 생각과 감정을 다른 사람에게 솔직하게 전달하는 훈련이 필요하다. 부정적인 감정이 형성되었을 때는 I-메시지 기법을 활용해 표현해보라.

- 3번 항목이 가장 많이 나오는 사람 – 협상형

대인관계에서 가장 바람직한 유형이다. 항상 다른 사람과 원만하고 조화로운 관계를 유지하기 위해 노력하는 유형이다. 갈등이 거의 발생하지 않으며 어쩌다 갈등이 생겨도 대화를 통해 슬기롭게 해결하는 편이다. 갈등이 발생하면 승-패 방식이 아니라 승-승 방식으로 대처해야 성공적인 인간관계를 만들 수 있다.

• 4번 항목이 가장 많은 사람 - 대결형

여기에 해당하는 사람은 다른 사람의 잘못이나 실수를 너그럽게 넘기지 못하며, 반면에 다른 사람의 비난이나 비판에는 민감하게 반응한다. 가장 갈등이 많이 발생되는 유형이기 때문에 항상 대인관계에 조심해야 한다. 무엇보다도 자신에게 갈등을 유발하는 성향이 있다는 것을 명심하고 다른 사람에게 공격적인 말과 행동을 하지 않도록 조심해야 한다.

갈등 대처에 영향을 주는 다섯 가지 요소

갈등이 발생하면 대처 방법에는 수용, 회피, 협상, 대결, 중재, 단절의 여섯 가지 유형이 있다고 말하였다. 동일한 갈등에 대해서도 사람마다 각기 다른 대처 방법을 선택하는데 그 이유는 무엇일까? 갈등 해결을 위해 어떠한 대처 유형을 선택할 것인지 결정하는 요소들을 알아보자.

1) 힘

갈등의 당사자 간에 존재하는 힘의 크기는 갈등 대처 방법을 결정하는데 근본적인 영향을 미친다. 힘의 크기가 크면 대결할 가능성이 높고 힘의 크기가 같으면 협상할 가능성이 높다. 반대로 힘의 크기가 작으면 수용하거나 회피할 가능성이 높다. 동료 간의 갈등은 대결하기 쉬우나 상사와의 갈등은 수용하거나 회피하는 경우가 대부분이다. 나이가 어린 자녀는 부모의 말을 쉽게 수용하지만 나이가 든 자녀는 부모의 말을 고분고분 따르지 않는다. 힘에는 물리적인 힘, 경제적인 힘, 사회적인 힘, 법률적인 힘, 정보력, 전문지식 등 여러 가지 종류의 힘이 존재한다. 용인 에버랜드를 놀러 가자고 떼쓰는 아이에게 자꾸 떼를 쓰면 회초리를 들겠다고 말하면 떼를 멈출 수도 있다.

2) 관계

갈등이 생기면 관계의 친밀도에 따라 대처 유형이 달라진다. 상호 간에 충분한 이해와 신뢰가 형성되어 있는 경우 수용, 회피, 협상의 가능성이 높아진다. 상호 간에 반감이나 불신감이 형성되어 있으면 대결, 단절의 가능성이 높아진다.

우리말에 "미운 놈 떡 하나 더 주라."라는 말이 있다. 갈등의 상대방에게 더 잘해줌으로써 관계를 가깝게 하여 갈등의 요소를 줄이는 방법이다. 사람은 누구나 자기를 좋아하는 사람, 자기에게 잘해주는 사람에게 잘해주려고 노력하게 되어있다. 자기가 좋아하는 사람과의 갈등은 스스로 수용하거나 기꺼이 절충안을 받아들이게 된다.

용인 에버랜드에 놀러 가겠다고 아이가 떼를 쓴다. "아빠가 하늘만큼 사랑하는 거 알지? 아빠도 함께 에버랜드 가고 싶은데 지금은 회사일이 너무 바빠서 갈 수가 없다."라고 말한다. 아빠에게 사랑과 애정을 가지고 있는 아이는 수용하기 쉽고, 그렇지 못한 아이는 대결하기 쉽다.

3) 목표

갈등에서 추구하는 목표의 중요도에 따라 대처 유형이 달라진다. 반드시 달성해야 될 목표인 경우 대결의 가능성이 높으며, 반드시 추구해야 할 목표가 아닌 경우 협상, 수용의 가능성이 높아진다. 부모가 반대하는 연인과의 결혼이 목표인 경우 갈등은 대결이나 단절로 전개된다. 부모가 반대하는 이성 친구와의 교제가 목표인 경우 갈등은 수용이나 회피, 협상으로 전개될 가능성이 높다. 상대방의 대처 유형을 바꾸려면 상대방의 목표를 변경시키거나 대체, 축소시키면 된다. 용인 에버랜드에 놀러 가겠다고 떼를 쓰는 아이에게 과천 서울대공원을 가자고 제안할 수 있다.

4) 동기

갈등의 당사자들이 어떤 동기를 가지고 있는지에 따라 대처 유형이 달라진다. 상호 간에 서로를 필요로 하는 동기가 많을수록 협상, 수용의 가능성이 높아지고 동기가 적을수록 대결, 단절의 가능성은 높아진다.

최근 들어 우리 사회의 이혼율이 높아진 것으로 알려졌다. 여러 가지 이유가 있겠지만 동기의 문제가 큰 비중을 차지한다. 예전에는 여성들의 경제적 자립 능력이 없어 남성에게 의존해야만 생활이 가능하였다. 미우나 고우나 참고 살았던 대표적인 동기가 바로 경제적 동기다.

그러나 지금은 여성들의 사회 진출이 매우 활발해졌다. 부부간에 갈등이 생겨 이혼을 검토할 때 경제적 동기를 고려치 않아도 되는 여성들이 많아졌다. 결국 이혼이라는 '단절'의 대처 유형을 선택하는 사람들이 늘어났다. 용인 에버랜드에 놀러 가겠다고 떼를 쓰는 아이에게 컴퓨터 게임 시간을 30분 늘려주겠다고 달래며 다른 동기를 충족시켜 준다.

5) 신념

두 사람이 어떤 신념을 가지고 있느냐에 따라 갈등을 처리하는 유형이 달라진다. 관계에 대한 신념, 갈등의 원인, 목표, 해결 방법, 기타 인생과 세상에 대한 가치관에 따라 대처 유형이 달라진다.

이혼율이 늘어나는 또 하나의 중요한 이유는 결혼관의 변화다. 10여 년 전만 해도 이혼은 부끄럽고 절대로 해서는 안 된다는 신념이 일반적인 결혼관이었다. 그러나 지금은 우리 주변에서 흔히 일어나는 일로 별다른 흠이 되지 않는 게 이혼이다.

신념의 변화에 따라 부부간의 갈등을 이혼이라는 '단절'의 대처 방법으로 해결하는 사람이 늘어났다. 용인 에버랜드에 놀러 가겠다고 떼를 쓰는 아이에게 기아에 굶주린 아프가니스탄 아이들의 사진을 보여주며 설득할 수 있다.

기업과 협력업체 사이에 갈등이 생겼을 경우 힘의 크기에 따라 갈등 대처 유형이 달라진다. 상사와 부하 간에 갈등이 생겼을 경우 두 사람이 평소에 어떤 관계였느냐에 따라 갈등 대처 유형이 달라진다. 노동조합과 회사 간에 갈등이 생겼을 경우 목표의 중요성에 따라 갈등 대처 유형이 달라진다. 부모와 자식 간에 갈등이 생겼을 경우 어떤 동기를 가지고 있느냐에 따라 갈등 대처 유형이 달라진다. 남편과 아내 간에 갈등이 생기면 어떤 신념을 가지고 있느냐에 따라 갈등 대처 유형이 달라진다.

사람들이 갈등에 대처하는 방법을 결정하는 데는 힘, 관계, 목표, 동기, 신념이 결정적인 영향을 미친다. 따라서 갈등을 슬기롭게 해결하려면 다섯 가지 요소를 적극 활용해야 한다.

갈등 유발 지수 체크리스트

아래 항목의 내용을 읽고 자신에게 해당하는 점수를 측정하여 괄호 안에 적은 후 각각의 점수를 모두 합산하라.

전혀 그렇지 않다	그렇지 않다	보통이다	그렇다	매우 그렇다
2	4	6	8	10

1. 다른 사람과 갈등을 빚었던 일이 많다.　　　　　　　　(　)
2. 고집이 세거나 독선적이라는 소리를 자주 듣는다.　　　(　)
3. 이기적이거나 개인적이라는 소리를 자주 듣는다.　　　(　)
4. 다른 사람의 말이나 행동을 보며 답답함을 느끼는 일이 많다. (　)
5. 다른 사람의 잘못이나 실수를 보면 바로잡으려 든다.　(　)
6. 다른 사람의 말이나 행동에 쉽게 자존심이 상한다.　　(　)
7. 다른 사람의 비난이나 비판을 들으면 즉각 반발한다.　(　)
8. 대화가 통하지 않으면 흥분하거나 소리를 지르게 된다.(　)
9. 다른 사람의 진의를 오해하는 일이 많다.　　　　　　(　)
10. 다른 사람이 나의 생각을 오해하는 일이 자주 발생한다.(　)

해 설)

• 81점 이상

여기에 해당하는 사람은 항상 누군가와 갈등을 빚고 있는 유형이다. 자신의 성향 자체가 갈등의 근본적인 문제점이라는 사실을 깨닫고 스스로의 말, 태도, 행동을 개선해야 한다. 가장 중요한 것은 독선적인 생각과 이기적인 생각을 버려야 하며 다른 사람의 가치관을 존중하고 상대방의 입장을 배려하는 마음가짐을 훈련해야 한다. 특히 갈등을 예방하는 대화법을 익히기 위해 노력을 기울여야 한다.

• 51~80점

때때로 갈등을 일으킬 가능성이 높은 유형으로, 여기에 해당하는 사람은 감정 조절 능력을 강화해야 한다. 인간관계에서 갈등이 발생하거나 심화되는 것은 공격적인 말과 행동 때문이다. 대화와 토론을 할 때 흥분하지 말고, 목소리를 낮추며, 차분한 감정을 유지하도록 노력해야 한다.

• 50점 이하

여기에 해당하는 사람은 갈등이 거의 발생하지 않는 유형이다. 자신에 대한 감정 조절 능력이 양호하고 다른 사람에 대해서도 수용적인 태도를 가지고 있다. 이 점수에 해당하는 사람이 적극적 경청과 자기 공개의 대화법을 훈련하면 더욱더 원만한 인간관계를 형성할 수 있다. 갈등은 오해를 통해서도 빚어지기 때문에 상대방의 말을 집중하여 경청하고, 자신의 생각과 감정을 적극적으로 알려 나가도록 훈련해야 한다.

제3장

갈등을
예방하는 법

싸가지 있는 사람이 되라

2004년 개봉된 영화 중에 "내 사랑 싸가지"라는 제목의 작품이 있다. 하지원(강하영 역), 김재원(안형준 역) 주연의 코믹 로멘스물인데 이햇님이라는 고등학교 3학년 여학생이 인터넷에 직접 쓴 소설을 원작으로 만들어졌다. 영화의 내용은 다음과 같다.

고3 여고생 하영(하지원)은 백일 기념일에 연하 남친에게 채이고 돌아오던 중 빈 콜라 캔 하나를 힘껏 걷어찬다. 그런데 불운하게도 하영이 걷어찬 콜라 캔이 싸가지 명품족 형준의 외제차 범퍼에 맞는 사고가 벌어진다. 무일푼인 하영은 수리비 변상을 위해 차 주인인 형준(김재원)에게 100일간 노비 계약을 하고 집 청소, 쇼핑도우미, 리포트 작성과 세차에 이르기까지 온갖 잡심부름에 시달린다. 그러던 어느 날 외제차 범퍼에 난 자국이 단돈 1만 원으로 수리가 가능하다는 사실을 알게 된 하영은 형준에게 복수를 한다. 계속해서 여러 가지 해프닝이 이어지고 그러다 마침내는 서로에 대한 오해를 풀고 행복하게 지낸다.

인터넷 소설 "내 사랑 싸가지"는 당시 검색어 1위를 차지하며 평균 조회 수가 11만~12만 건에 달했다. Daum에만 공식카페가 180개 이상 개설되었고 관련 동호회만 900여 개에 이르렀다고 한다. 이른바 싸가지 있는 소설이었던 셈이다. 영화로는 기대했던 만큼의 인기를 얻지 못했지만 관람객 수가 150만 명을 넘었다고 하니 완전히 싸가지없는 영화는 아니었던 모양이다. 영화 속 주인공인 대학생 형준은 부자티를 내고, 무례하고, 건방지고, 잘난 척하고, 제멋대로 행동한다. 그야말로 왕싸가지라고 불러도 마땅한 싸가지없는 사람의 적나라한 모습을 그대로 보여준다. 그런데 우리는 과연 어떤 사람을 싸가지없는 사람이라 말하는 것일까?

며칠 전 신문기사를 보니 유시민 전 보건복지부 장관의 인터뷰 기사가 실려 있었다. 그가 최근에 출간한 책 "후불제 민주주의 – 유시민의 헌법 에세이"와 관련한 내용이었다. 기사를 읽다 보니 싸가지와 관련 있는 흥미로운 이야기가 군데군데 등장했다.

기　자: 책의 머리말을 보니 1년간 인간의 도리를 다하지 못했다는 구절이 있습니다. 그간 칩거나 운둔에 가까운 생활을 했던 건가요?

유시민 : 칩거, 은둔까지는 아닌데 '인간관계는 지성의 무덤'이라고, 정치권에서도 그렇지만 마당발치고 지적인 사람이 드물죠. 지적인 사람이 마당발인 경우도 드물고요. '내가 만나는 사람이 내가 된다'는 게 마당발의 정체성이고, '내가 읽은 것이 내가 된다'는 게 공부하는 사람의 정체성이죠. 똑같이 주어져 있는 시간을 어디에 쓰느냐의 차이인데 두 가지를 다하기 어려운 것 같아요. 정치하면서 신세진 분들이 많아요. 동문들이나 저희 팬클럽, 친척들, 문중 어른들도 그렇고……. 일일이 성의 표시를 하기 힘들 만큼 (행사·모임 등이) 많아요. 그러다 보니 여기저기서 욕하는 소리가 들리죠. 그런데 책을 써서 당장 생활비를 벌어야 하니까 저도 어쩔 수가 없어요. 참 죄송하죠.

기　자: 김영춘 전 의원이 2004년 "유시민은 왜 저토록 옳은 이야기를 저토록 싸가지없이 할까."라고 한 적이 있습니다.

유시민: 제가 워낙 미운털이 많이 박혔으니까 사람들이 그런 거죠. 사람들이 그 말을 들었을 때 '맞아, 나도 그렇게 생각하고 있었어.'라고 여겼으니까 그 말이 먹힌 거죠(웃음). 제가 평소에 행실을 똑바로 했으면 그런 말이 나오지도 않았고, 나와도 기자들이 그렇게 써먹었겠어요.

기 자: 지난 시간을 돌이켜봤을 때, 지금 알고 있는 것을 그때도 알았더라면 좋았겠다고 생각하는 것이 있습니까.

유시민: 마음을 잘 다스리지 못한 것 같아요. 그때는 마음속에 누군가를 미워하는 감정이 가득했어요. 이재오·김문수 씨 이런 사람들이 너무 미운 거예요. 뿐만 아니라 옛날에 공안검사 하면서 죄 없는 사람 징역 살게 했던 사람들이 너무 뻔뻔하게 똑같은 소리를 하고, 다른 당 국회의원을 간첩이라고 했잖아요. 분노의 감정을 다스리기가 굉장히 어려웠어요. 그런 게 얼굴에 나타나니까 그 사람들도 저를 싫어했죠. 또 하나는 국회의원 배지가 참 귀한 건데 이것을 하찮게 여기는 듯한 언행을 제가 했죠. 저는 사익이 아니라 공익을 위해 정치를 하는 게 맞고, 공익을 위해 국회의원 배지를 꼭 버려야 한다면 가차 없이 버리는 것이 맞는다고 생각했어요. 그런데 이런 생각을 노출시키지 말았어야 하는 거였어요. 그런 것이 부지불식간에 노출되니까 다른 국회의원들이 볼 때는 잘난 척하고 건방진 놈으로 보일 수밖에 없죠. 그때는 인간관계보다는 일이 똑바로 되는 게 매우 중요했거든요. 남들이 봤을 때 좋게 보면 열정이고, 나쁘게 보면 독선이죠. 지나고

생각해보면 이렇게 했으나 저렇게 했으나 별 차이 없는 건데. 괜히 그렇게 살았어요.(웃음)

나는 인터뷰 기사를 읽으면서 유시민이라는 사람에게 품었던 '조금 싸가지가 없는 사람'이라는 편견을 모두 지워버릴 수 있었다. 아니, 오히려 그야말로 진정으로 싸가지 있는 사람이라고 생각되었다. 왜냐하면 그는 이미 자신이 싸가지가 없다는 사실을 인정하고 있으며, 싸가지 있는 사람이 되기 위해 노력하려는 모습을 엿볼 수 있었기 때문이다. 세상에는 자신이 싸가지가 없다는 사실도 모르고, 천방지축 망나니마냥 싸가지없는 행동을 일삼는 사람도 부지기수에 달한다. 그러니 유 전 장관처럼 자신이 싸가지없다는 사실을 깨닫기만 해도 크게 싸가지가 생기는 것이다. 어찌 되었든 유시민 전 장관이 인터뷰를 통해 스스로 인정하고 있는 '싸가지없음'은 다음과 같다.

- 성의를 표시해야 할 행사나 모임이 많은데 못 하고 있자니 욕하는 소리가 들린다.
- 평소에 행실을 똑바로 하지 못해 미운털이 박혔다.
- 분노 감정을 다스리지 못하고 얼굴에 나타내니 사람들이 싫어했다.
- 국회의원 배지를 하찮게 여기는 듯한 언행을 하니 잘난 척하고 건방진 놈으로 보였다.
- 인간관계보다는 일이 매우 중요했는데 나쁘게 보면 독선으로 느껴졌을 것이다.

우리는 흔히 위에서 나타나는 행동들을 싸가지로 평가한다. 마땅히 지켜야 할 도리를 못하거나, 평소의 행실과 버릇이 바르지 못하거나, 분노나 원망, 증오와 같은 감정을 다른 사람에게 함부로 표현하거나, 남들이 귀중하게 여기는 것을 우습게 생각하거나, 다른 사람의 생각을 고려하지 않고 독선적으로 밀어붙이는 일들이 모두 싸가지없는 행동이다.

생활취업포털 파인드잡과 리서치 전문기관 엠브레인이 "직장인 1,389명을 대상으로 '눈엣가시 같은 동료나 상사가 있는가'라는 설문조사를 진행한 결과, '있다'는 답이 응답자의 87.5%인 1,215명으로 나타났다."라고 밝혔다. 주위에 눈엣가시 같은 사람이 있다는 응답자를 대상으로 그 이유에 대해 질문한 결과, '사고방식이 싫어서'가 40.7%로 가장 높게 나타났으며, ▲자기 의견만 옳다고 주장해서(26.5%), ▲입만 열면 아부가 나오는 아부쟁이라서(14.1), ▲업무성과에 대해 유난히 생색내서(8.8%), ▲난 바쁜데 저 혼자 나 몰라라 칼퇴근해서(4.5%) 등의 순으로 나타났다. 모두 싸가지없는 사람들의 유형이다.

우리 사회에는 지위와 계층을 불문하고 싸가지없는 행동들이 날마다 무수히 일어나고 있다. 어찌 보면 정도의 차이가 있을 뿐이지 싸가지없는 행동은 모든 사람에게서 공통적으로 발견할 수 있을 것이다. 그러나 이런 싸가지없는 행동을 많이 하는 사람은 인간관계와 사회생활에 심각한 문제를 유발할 가능성이 높다. 싸가지없는 사람은 다른 사람들로부터 쉽게 미움을 받는다. 그리고 극도로 싸가지가 없는 '왕싸가지'는 집단 따돌림, 왕따의 대상이 된다. 따라서 우리는 싸가지없는 사람이 되지 않도록 조심해야 한다.

사람은 신이 아니기 때문에 조금만 긴장을 늦추면 아차 하는 사이에 싸가지없는 말과 행동을 하게 되어있다. 그렇게 되면 자신의 진짜 모습과는 상관없이 싸가지없는 사람으로 비춰지게 된다. 정치인 유시민도 마찬가지였지만 축구 선수 이천수, 영화배우 한예슬, 가수 신해철 등은 모두 주변 사람들로부터 싸가지없다는 오해를 많이 받아 고생했던 것으로 전해진다. 노무현정부 시절 386세대에 대해 가장 많이 가해졌던 비판 역시 싸가지없는 세대라는 평가였었다. 나는 완벽하다고 자만하지 말고 혹시라도 자신도 모르는 사이에 싸가지없는 말과 행동을 하고 있는 것은 아닌지 반성해보라. 인간관계에서 갈등을 예방하려면 싸가지없는 사람이 아니라 싸가지 있는 사람이 되어야 한다.

〈말〉

사람들이 좋아하는 유형	사람들이 싫어하는 유형
따뜻한 말(칭찬, 감사, 위로, 사과 등)	차가운 말(비난, 무시, 원망, 조롱 등)
긍정적인 말	부정적인 말
적극적인 말	소극적인 말
유머	무뚝뚝함
솔직한 자기 표현	마음 감추기
관심어린 질문	쓸데없는 질문
경청하기	자기 말만 하기
공감하기	이해를 못 하거나 오해
호감 표현	반감 표현
다양하고 유익한 이야기	평범하고 무익한 이야기

〈몸〉

사람들이 좋아하는 유형	사람들이 싫어하는 유형
미소, 밝은 표정	분노, 어두운 표정
곧고 바른 자세	꾸부정하고 바르지 못한 자세
정중하고 예의 바른 인사	형식적인 인사, 또는 무례한 인사 생략
관심과 호의가 담긴 눈빛	형식적인 눈 맞춤, 시선 회피
우호적인 몸동작	공격적, 위협적인 몸동작
적절한 스킨십	부적절한 신체적 접촉
겸손한 태도	거만한 태도
열정적인 태도	맥없는 태도
상식적인 행동	돌출적인 행동
매너 있는 행동	혐오감을 주는 행동

〈마음〉

사람들이 좋아하는 유형	사람들이 싫어하는 유형
자신을 좋아하는 사람	자신을 싫어하는 사람
자신에게 관심 있는 사람	자신에게 무관심한 사람
마음이 선한 사람	마음이 약한 사람
순수한 사람	계산적인 사람
이해심이 많은 사람	이해심이 없는 사람
감사한 줄 아는 사람	감사한 줄 모르는 사람
미안한 줄 아는 사람	미안한 줄 모르는 사람

약속을 잘 지키고 책임감 있는 사람	약속을 잘 지키지 않고 책임감 없는 사람
매사에 성실한 사람	매사에 불성실한 사람
먼저 베푸는 사람	받으려고만 하는 사람

긍정적인 대인행동 성향을 강화하라

인간관계에서 나타나는 대인행동에는 네 가지 대립되는 성향이 있다. 갈등을 예방하고 좋은 관계를 형성하려면 현재 내가 지니고 있는 대인행동 성향이 올바른가 분석해보고 잘못된 점을 개선해야 한다.

1) 좋아하기(Love) : 싫어하기(Hate)

좋아하기-싫어하기 성향은 타인을 호의적 태도로 대하는가, 아니면 적대적 태도로 대하는가를 의미한다. 내가 상대방을 어떻게 대하는지, 상대방에게 나의 언어기술과 비언어기술이 어떤 느낌으로 전달되는지에 따라 인간관계에 영향을 미친다. 좋아하기는 호의적인 표현과 행동으로 나타난다. 싫어하기는 비난이나 무시, 위협 같은 공격적인 말과 행동으로 나타난다.

2) 열기(Open) : 닫기(Close)

열기-닫기 성향은 타인과의 관계가 개방적으로 이뤄지고 있는지, 아니면 폐쇄적으로 이뤄지고 있는지를 의미한다. 대화를 통해 상대방의 생각과 감정에 충분한 공감과 수용을 해주는지, 동시에 자신에 대해서도 자기 공개가 적절하게 이뤄지고 있는지에 따라 인간관계가 달라진다.

3) 보조 맞추기(Pacing) : 끌고 가기(Dragging)

보조 맞추기-끌고 가기 성향은 타인과의 관계를 협력적으로 이끄는가, 아니면 지배적으로 억압하고 강제하며 끌고 가는가를 의미한다. 상대방을 존중하며 동등한 위치에서 교류하는지, 아니면 상대방을 자신의 의도에 맞게 통제하는 성향인지에 따라 인간관계가 달라진다.

4) 주기(Give) : 받기(Take)

주기-받기 성향은 타인과의 관계에서 누구의 이해관계를 더욱 중시하느냐를 의미한다. 상대방으로부터 받기만 하거나 항상 동등한 조건에서만 교환하는지, 아니면 상대방에게 먼저 도움을 베푸는지에 따라서 인간관계가 달라진다.

이러한 네 가지 성향 중에서 자신에게 해당하는 항목을 한 가지씩 선택하면 그것이 자신의 대인행동 성향이 된다. 모두 열여섯 가지 유형이 나오게 되는데 다음과 같다.

1) 좋아하기(Love) : 싫어하기(Hate)
2) 열기(Open) : 닫기(Close)

3) 보조 맞추기(Pacing) : 끌고 가기(Leading)
4) 주기(Give) : 받기(Take)

LOPG	LCPG	HOPG	HCPG
LOPT	LCPT	HOPT	HCPT
LCDG	LODG	HCDG	HODG
LODT	LCDT	HODT	HCDT

만약 자신의 대인행동 양식이 좋아하기(Love), 열기(Open), 끌고 가기 (Leading), 받기(Take)로 파악됐다면 언어기술과 비언어기술을 활용함에 있어 보조 맞추기(Pacing), 주기(Give) 성향을 강화하도록 노력해야 한다. 나의 대인행동 성향이 어느 쪽에 가까운지에 따라 인간관계가 달라진 다는 사실을 명심하고 스스로에게 부족한 성향을 개선하라.

아래에 제시된 문항에서 자신의 성격이나 대인관계를 잘 기술하는 정도에 따라서 적절한 숫자를 괄호 안에 기입한다.

전혀 그렇지 않다	그렇지 않다	보통이다	그렇다	매우 그렇다
2	4	6	8	10

1. 사람을 좋아한다. ( )

2. 개방적이라는 이야기를 듣는다. ( )

3. 원만하다는 이야기를 듣는다. ( )

4. 배려심이 많다는 이야기를 듣는다. ( )

5. 사람을 좋아하지 않는다. ( )

6. 폐쇄적이라는 이야기를 듣는다. ( )

7. 독단적이라는 이야기를 듣는다. ( )

8. 이기적이라는 이야기를 듣는다. ( )

9. 눈빛이 따뜻하다. ( )

10. 융통성이 많고 열린 마음으로 생각한다. ( )

11. 다른 사람의 의견을 인정해준다. ( )

12. 다른 사람에게 칭찬, 격려, 위로를 자주 해준다. ( )

13. 눈빛이 차갑다. ( )

14. 융통성이 부족하고 고정관념이 많다. ( )

15. 다른 사람의 의견을 받아들이지 못한다.   (   )

16. 다른 사람에게 관심, 애정을 주기보다는 받는다.   (   )

17. 스킨십을 한다.   (   )

18. 다른 사람의 이야기를 경청한다.   (   )

19. 다른 사람의 주장에 양보해준다.   (   )

20. 다른 사람에게 선물, 식사 대접을 한다.   (   )

21. 스킨십을 하지 않는다.   (   )

22. 다른 사람의 이야기를 경청하지 않는다.   (   )

23. 다른 사람의 주장에 양보하지 않는다.   (   )

24. 다른 사람에게 선물, 식사대접을 하기보다는 받는다.   (   )

25. 애정 표현을 한다.   (   )

26. 다른 사람의 생각과 감정을 헤아린다.   (   )

27. 다른 사람의 생각이 다르면 설득한다.   (   )

28. 다른 사람의 일을 도와준다.   (   )

29. 애정 표현을 하지 않는다.   (   )

30. 다른 사람의 생각과 감정을 헤아리지 못한다.   (   )

31. 다른 사람과 생각이 다르면 회피하거나 또는 반대한다.   (   )

32. 다른 사람의 일을 도와주기보다는 도움을 많이 받는다.   (   )

33. 다른 사람들에게 관심이 많고 함께 있는 것을 좋아한다.   (   )

34. 마음속에 있는 생각과 감정을 털어놓는다.   (   )

35. 다른 사람과 생각이 다르면 빠른 해결책보다는 합의점을
    찾기 위해 노력한다.   (   )

36. 다른 사람들에게 호의를 베푸는 일이 많다.   (   )

37. 다른 사람들에게 관심이 적고 혼자 있는 것을 좋아한다.   (   )

38. 마음속에 있는 생각과 감정을 드러내지 않는다.   (   )

39. 다른 사람과 생각이 다르면 합의점보다는 빠른 해결책을
    찾는다.   (   )

40. 다른 사람에게 호의를 베푸는 일보다 받는 일이 많다.   (   )

＊ 1~40번까지의 점수를 아래 도표 안에 적은 후 각 줄에 있는 5개 문
  항의 점수를 모두 합산하여 총점을 구하라.

번호	1~8번	9~16번	17~24번	25~32번	33~40번	총점	유형
1							좋아하기
2							열기
3							보조 맞추기
4							주기
5							싫어하기
6							끌고 가기
7							닫기
8							받기

해 설)

유형별 최고 점수는 20점이며 최저 점수는 5점이다. 좋아하기, 열기, 보조 맞추기, 주기의 네 가지 긍정적 성향이 16점 이상이면 좋은 관계를 형성할 수 있고 싫어하기, 닫기, 끌고 가기, 받기의 네 가지 부정적 성향이 8점 이하로 나타나면 갈등이 줄어든다. 자신의 점수 중에서 어떤 항목이 높게 나오고 어떤 항목이 적게 나오는지 확인하여 긍정적 성향은 강화하고 부정적 성향은 약화시켜라.

기대하는 대로 행동하라

예로부터 중국 황실에 다음과 같은 이야기가 비밀리에 전해 내려왔다고 한다. "천기(天氣), 지기(地氣), 인기(人氣)를 얻는 비결을 아는 자는 천하의 권력을 손안에 넣게 된다. 어떤 일이 있더라도 세 가지 기(氣)를 얻을 수 있는 방법이 외부에 알려지지 않게 하라."

이 말에 따라 천기, 지기를 얻는 비결은 굳게 비밀이 지켜졌으나 인기를 얻는 비결은 시간이 지나면서 점차 세상에 알려지게 되었다. 그 방법이 무엇일까? 바로 '사람들이 좋아하는 일을 하고, 사람들이 싫어하는 일을 하지 않는 것'이라 한다. 어찌 보면 너무나 단순한 말이라 무시하기 쉽지만 인간관계의 본질을 가장 정확하게 꿰뚫어서 알려주고 있는, 그야말로 인기를 얻는 핵심 비결이라고 말해도 손색이 없을 것이다.

여성 사이트 '이지데이(www.ezday.co.kr)'에서 직장인 1,648명을 대상으로 "직장이나 사회에서 가장 호감 가는 동료는"이란 주제로 실시한 설문조사 결과에 의하면 75% 절대다수의 참여자가 '내 일을 자기 일처럼 도와주는 동료'라고 답했다. 갈등을 예방하고 인간관계를 잘하는 비결은 특별한 것이 아니다. 상대방이 좋아하는 말을 하고, 상대방이 좋아하는 행동을 하면 된다. 상대방이 싫어하는 말과 행동을 하면 절대로 좋은 관계를 형성할 수 없다. 그런데 이 말을 다른 관점에서 압축하여 이야기하면 '상대방이 기대하는 대로 행동하라'는 말로 요약할 수 있다.

상호 간에 형성된 기대감이 적절하게 충족되면 인간관계는 발전되지만 기대감이 충족되지 않으면 갈등이 발생한다. 따라서 인기를 얻는 비결은 사람들이 기대하는 대로 행동하는 것이다. 다음 중에서 사람들이 기대하는 행동은 어떤 것인지 생각해보라.

1. 사회자의 소개를 받은 후 강사가 청중에게 인사를 할 때 기대하는 것은?
   A : 뜨거운 박수와 환영
   B : 어두운 표정과 가라앉은 분위기

2. 영업사원이 고객에게 안부 전화를 걸 때 기대하는 것은?
   A : 따뜻한 응대와 격려의 말
   B : 짜증난 목소리와 무시하는 말투

3. 책을 출간하게 되어 기쁜 마음으로 주변 사람들에게 문자로 알릴 때

기대하는 것은?

A : 즉각적인 답신과 축하의 메시지

B : 일주일 후에 보내오는 형식적인 답신과 공짜로 책을 한 권 보내

달라는 메시지

역시 정답을 말하지 않아도 어떤 것이 사람들이 기대하는 행동인지 잘 알 수 있을 것이다. 이처럼 좋은 관계를 만드는 방법은 상대방이 기대하는 것이 무엇인지 생각해보고 그것에 맞춰 행동하면 된다. 여기서 말하는 기대는 물질적인 것이나 또는 특정한 상황만을 의미하지 않으며 인간관계에서 발생하는 모든 말과, 행동, 태도를 의미한다. 예를 들어 남편이 아내와 좋은 관계를 형성하고 싶다면 아내가 기대하는 대로 행동하면 된다. 아내는 남편에게 무엇을 기대할까? 아마도 다음과 같은 것을 기대할 것이다.

• 술이나 담배를 끊는 것
• 운동 또는 건강관리를 열심히 하는 것
• 저녁에 귀가 시간이 늦으면 전화로 알려주는 것
• 주말이나 휴일에 가족과 함께 시간을 보내는 것
• 설거지, 청소, 분리수거 등 집안일을 도와주는 것
• 생일, 결혼기념일에 선물이나 이벤트를 해주는 것
• 직장에서 승진을 하는 것
• 사업에서 많은 돈을 버는 것

- 처가에 관심을 갖고 배려해주는 것

남편이 이런 기대에 맞게 행동한다면 틀림없이 원만한 관계가 형성될 것이다. 그러나 여기서 말하려고 하는 기대는 이렇게 구체적이고 특별한 항목들이 아니라 남편과 아내의 인간관계에서 매 순간 묵시적으로 요구되는 말, 행동, 태도에 관한 기대를 의미한다. 즉 다음과 같은 사항들이다.

- 근무 중에 전화를 걸면 반갑게 받아주는 것
- 낮에 있었던 일을 이야기하면 관심을 갖고 경청하여 주는 것
- 내가 말하는 생각에 공감, 인정, 지지 등 긍정적인 반응을 보여주는 것
- 궁금한 사항을 질문하였을 때 친절하게 구체적으로 설명해주는 것
- 기분이 좋지 않을 때 위로해주는 것
- 몸이 아플 때 걱정해주는 것
- 스킨십이나 말로 애정 표현을 해주는 것

이처럼 물질적이거나 거창한 기대가 아니라 인간관계의 모든 순간순간에서 상대방이 나에게 기대하는 말과, 행동, 태도를 충족시켜 주라는 뜻이다. '상대방이 기대하는 대로 행동하라.'는 성공적인 인간관계를 만들어 주는 매우 단순하면서도 강력한 원칙이다. 행복한 부부 관계를 만들고 싶으면 남편 또는 아내가 기대하는 대로 행동하라. 직장생활을 잘

하려면 상사, 동료, 부하들이 기대하는 대로 행동하라. 영업을 잘하려면 고객이 기대하는 대로 행동하라. 지금 주변에 있는 사람들을 떠올려 보고 상대방이 나에게 무엇을 기대하고 있는지 생각해보라. 벤자민 프랭클린은 "사랑받고 싶다면, 다른 사람을 사랑하고 사랑스럽게 행동하라."라고 말하였다. 인간관계에서 갈등을 없애려면 내가 먼저 다른 사람을 사랑하고 사랑스럽게 행동해야 한다.

상대의 기대를 저버리지 마라

몇 년 전 신문에 실렸던 기사 내용인데, 하벨 전 체코 대통령이 프라하를 방문한 미국 오바마 대통령에게 다음과 같은 조언을 건넸다는 내용이었다.

"국민들이 너무 큰 기대를 하면 그게 나중에 배신감으로 바뀔 수 있다."

오바마가 국민의 기대를 한 몸에 안고 대통령이 된 것은 축하할 만한 일이지만 그런 기대를 충족시키지 못하면 민심은 언제든지 쉽게 떠날 수 있다는 뜻일 것이다. 우리나라도 마찬가지다. 얼마 전까지만 해도 고공행진을 하던 현 대통령과 여당에 대한 지지도가 잇따른 인사 실패 등으로 난맥상을 드러내며 급락하고 있다. 그동안 대통령의 국정수행을 꾸준히 지지하던 지지층과 중도층에서마저 민심이 악화되고 있는 것이다.

얼마 전에 개봉했던 영화 "역린"은 이재규 PD의 감독 데뷔작이자 현빈의 군 제대 후 첫 작품이란 점만으로도 많은 관심과 화제를 모았다. 많은 관객들의 반응이 엇갈리는데, 한쪽에서는 "눈을 떼지 못하고 봤다. 몰입도 최고.", "하루 동안의 일을 지루하지 않게 잘 만들었다.", "변화 직전의 정중동을 그린 아름다운 영화"와 같은 만족스러운 평가를 내리고 있다. 반대편에서는 "현빈의 등 근육밖에 생각이 안 난다.", "등장인물 개개인의 사연이 나열돼 지겨웠다.", "긴장감이 넘쳐야 할 정조의 암살 사건이 과거와 현재를 오가며 늘어진다."라는 등 실망에 가득 찬 평가를 나타내고 있다. 기대가 크면 실망도 크다는 말처럼 영화 "역린"에 대한 기대가 컸기 때문에 실망도 더욱 큰 것이리라.

인간관계도 마찬가지다. 기대가 크면 사소한 실수나 잘못에도 큰 실망을 느끼게 된다. 좋은 관계를 만들기 위해서는 무엇보다 상대방의 기대를 저버리지 않도록 주의해야 한다.

어제는 안산시 수암동에 있는 수암봉에 등산을 갔다. 산행을 시작하여 40분쯤 올라가는데 한쪽 기슭에서 막걸리를 파는 모습이 눈에 들어왔다. 조막걸리였다. 3년 전쯤 이곳에 왔을 때 타는 듯한 갈증을 시원하게 씻어 주던 맛이 기억에 떠올랐다. 2000원을 주고 사발에 가득 담긴 막걸리 한잔을 받아들고 단숨에 들이마셨다. 카~! 역시 기대한 맛 그대로였다. 세상에 이보다 더 시원하고 이보다 더 맛좋은 술은 없으리라. 다른 사람들과 이야기를 주고받으며 석 잔을 연거푸 마시고 나서야 다시 산에 올랐다. 수암봉 등산이 끝나고 사람들과 헤어진 후에는 근처에 있는 한 식당을 찾았다. 현수막에 걸려 있는 할인행사의 문구가 눈길을 끌었기 때문이다.

"묵밥 3,900원"

이 집 역시 3년 전에 들렀을 때 맛있게 먹었던 기억이 남아 있는 곳이다. 처음에 묵밥을 먹었을 때는 정말 맛있어서 두 그릇을 후딱 비웠다. 얇게 간 얼음조각이 서걱서걱하게 씹히는 시원한 국물에 쫄깃쫄깃한 도토리묵이 한 사발 가득 담겨져 나왔다. 그때는 아들과 함께였는데 아들도 그 이후로 "수암봉에 묵밥 먹으러 가자."라는 이야기를 자주 꺼내곤 하였다. 식당 밖에 파라솔과 의자가 놓여있어 그쪽에 자리를 잡았다. 아직도 묵밥 맛이 예전 그대로일 것이라는 기대감으로 한 그릇을 주문하였다. 3분이 채 안 되어 묵밥이 나왔는데 모양도 맛도 완전히 실망 그 자체였다. 미지근한 국물에 얼음은 전혀 없고, 도토리묵 또한 고소하거나 쫄깃한 맛 없이 그저 맹맹했다. 억지로 몇 숟가락을 먹은 후 일어나려는데 어린아이를 동행한 30대 초반의 남자가 음식 값을 계산하면서 주인에게 질문을 한다.

"여기 주방장이 바뀌었나요?"

"왜 그러시죠? 저희 아내가 10년째 주방에서 요리하고 있는데요……."

"음식 맛이 달라진 것 같아요. 예전에는 얼음도 들어가서 시원하고 맛있었는데……."

"그동안 육수를 밖에서 받아쓰셨는데 지금은 직접 만들어요. 더 맛있지 않나요? 얼음은 아직 준비를 안 했네요."

30대 초반의 남자는 뚱한 표정이 되어 식당 주인의 말에 별다른 대답을 하지 않은 채 떠나갔다. 눈치를 보아하니 마음속으로 "다시는 이곳에 오지 않을 거야."라는 생각을 하고 있는 것이 틀림없었다. 그리고 나 또한 마찬가지였다. 3년 전처럼 맛있는 묵밥을 먹을 수 있을 것이라는 기대감이 실망감으로 바뀌었을 뿐만 아니라 주인의 불성실한 대답은 나의 이차적 기대마저 저버리는 것이었다. 만약 주인이 조금만 더 살갑게, 그리고 손님의 기대를 저버린 음식에 대해 미안함을 보여줬다면 최소한 한두 번쯤은 그 식당을 다시 찾았을지도 모른다. 그러나 그 식당 주인은 고객의 기대와는 아무런 상관없이 다른 테이블에 놓여있는 빈 그릇을 치우는 데만 정신이 없었다.

티보(Thibaut)와 켈리(Kelly)는 인간관계가 유지되거나 단절되는 이유는 투자와 보상의 상관관계에 달려있다고 해석하였다. 이를 사회교환이론(social exchange theory)이라고 부르는데, 이 이론에 따르면 인간관계의 존속 여부는 서로가 투자한 노력이 얼마만큼의 보상을 받느냐에 달려있다. 즉, 자신이 투자한 시간, 금전, 정신적 노력에 대한 보상이 크게 이뤄지는 인간관계는 만족을 느끼고 장기간에 걸쳐 유지된다. 반대로 보상이 이뤄지지 않거나 적게 일어나는 경우는 인간관계가 약화되거나 해체될 가능성이 높아진다. 여기서 보상은 정서적인 보상과 물질적인 보상을 모두 포함한다. 결국 인간관계는 주는 것(cost)과 받는 것(rewards)의 교환 과정이며 그러한 과정을 통해 상호 간에 남는 것(profit)이 있다고 판단될 때 인간관계가 지속된다는 것이 사회교환이론의 주장이다.

우리는 다른 사람과의 관계를 유지하기 위해서는 비용(cost)을 지불해야 한다. 상대방에게 할애하는 시간, 돈, 물질, 사업적인 도움이나 협력, 정서적 후원, 긴장과 갈등, 감정적 상처 등이 비용에 해당한다. 한편 그러한 관계를 유지하는 과정에서 우리는 일정한 보상(rewards)도 얻게 된다. 돈, 물질, 지식과 정보, 사업적인 도움, 관심과 애정, 안도감과 자부심, 감정적 고양 등이 보상에 해당된다.

이렇게 비용과 보상을 주고받는 과정을 사회교환과정이라고 하고, 보상에서 비용을 제한 결과(Out-come)가 자신에게 이익(profit)이 된다고 판단되면 그 관계가 지속된다는 것이다. 사회교환이론은 모든 인간관계의 본질을 핵심적으로 설명해주고 있다. 물론 모든 인간관계가 반드시 계산적이거나 경제적인 동기에 의해서 좌우되는 것은 아닐 것이다. 다만, 정신과 감정에 관련된 인간관계의 영역도 궁극적으로는 내면에서 이뤄지는 비용과 보상의 교환 과정이라는 점을 감안한다면 사회교환이론은 매우 타당한 관점을 제공한다고 생각할 수 있다.

원만하고 성공적인 인간관계를 유지하려면 상대방의 기대를 저버리지 말아야 한다. 정치인은 국민의 기대를 저버리지 말아야 하고, 기업은 고객의 기대를 저버리지 말아야 한다. 자식은 부모의 기대를, 남편은 아내의 기대를, 부하 직원은 상사의 기대를 저버리지 않아야 한다. 지금 주변에 있는 사람들을 떠올려 보고 내가 그 사람들의 기대감을 저버리고 있지는 않은지 생각해보라. 기대하는 대로 행동하고 기대를 저버리지 마라.

일차적 기대와 이차적 기대

인기를 얻는 비결은 사람들이 좋아하는 일을 하는 것이라 말했다. 그리고 좋은 관계를 만드는 비결은 상대방이 기대하는 대로 행동하는 것이라 말했다. 아마도 이 말을 듣는 여러분의 생각은 두 가지 유형으로 나뉠 것이다. 첫 번째 유형은 긍정적인 성향의 사람들이다. 마음속으로 다음과 같은 생각을 할 것이다.

"만세! 인간관계의 비결을 깨달았다. 다른 사람들이 좋아하는 일을 하고, 상대방이 기대하는 대로 행동하면 성공적인 인간관계를 만들 수 있구나. 이제 나는 모든 사람들과 좋은 관계를 만들 수 있을 것이다."

다른 유형은 부정적인 성향의 사람들이다. 틀림없이 마음속으로 다음과 같은 불평을 늘어놓을 것이다.

"누가 그걸 몰라서 안 하나? 실천이 어려워서 그렇지. 사람들이 좋아하는 일을 하고, 상대방이 기대하는 대로 행동하기가 얼마나 어렵고 힘든 일인가? 틀린 말은 아니지만 공자님 말씀처럼 이론에 불과할 뿐이다."

나는 어떤 반응을 기대하고 있을까? 당연히 첫 번째와 같은 긍정적인 반응이다. 만약 그런 반응이 아니라면 최소한 나는 다음과 같은 반응이라도 나타나기를 기대한다.

　"맞아, 인간관계에 도움이 되는 지혜를 알게 되었다. 물론 지금 당장
모든 사람들을 내 편으로 만들 수는 없을 것이다. 그러나 사람들이
좋아하는 일을 하고, 상대방이 기대하는 대로 행동하면 틀림없이 인
간관계는 원만해지고 친밀해질 것이다. 앞으로 대인관계를 할 때 이
런 원칙을 지켜나가도록 노력하자."

　사실 인간관계에서 100점을 맞는다는 것은 쉽지 않은 일이다. 특히
가족, 친구, 직장, 사회에서 만나는 모든 사람과 처음부터 끝까지 행복
하고 원만한 관계를 유지한다는 것은 현실적으로 불가능한 일이다. 나
와 다른 다양한 사람들과 인간관계를 맺다 보면 크고 작은 갈등은 필
수적으로 발생한다. 세상에는 좋은 인연으로 출발하지만 악연으로 끝
나는 관계도 비일비재하다. 너 없으면 못살 것처럼 행동하다가 너 때문
에 못살겠다는 관계도 부지기수에 달한다. 따라서 우리는 인간관계에
서 100점을 맞으려는 생각보다는 가능한 한 최고의 점수를 받을 수 있
도록 노력해야 한다.
　수학 공부를 못하는 사람이 갑자기 시험에서 100점 만점을 받겠다고
목표로 삼는 것은 현명치 못한 일이다. 그렇다고 100점이 불가능하기
때문에 아예 수학 공부를 포기하는 것은 더더욱 어리석은 일이다. 처음
에는 60점, 70점을 목표로 공부하고 차차 80점, 90점을, 그리고 최종적
으로는 100점을 목표로 공부하면 되는 것이다.

인간관계도 마찬가지다. 처음에는 70점을 목표로 실천하고 조금씩 자신의 대인관계 역량이 향상되면 80점, 90점을 목표로 노력해나가면 된다. 한 가지 분명한 사실은 100점이 어렵다고 포기하는 사람은 언제나 제자리지만 60점, 70점을 목표로 노력하는 사람은 하루하루 발전을 거듭할 것이라는 점이다. 따라서 "상대방이 기대하는 대로 행동하라."라는 말을 공자님 말씀으로 생각하고 지레 포기하지 말고 내가 할 수 있는 최대한의 노력으로 하루하루 열심히 실천해야 한다.

기업에서는 고객의 기대를 일차적 기대와 이차적 기대로 구분한다. 일차적 기대는 고객이 기업에 바라는 가장 기본적인 기대이다. 저렴한 가격, 높은 품질과 같은 것은 기본적인 기대에 해당한다. 이차적 기대는 일차적 기대를 초과하여 충족되었던 결과에 기초하여 새롭게 형성된 기대다. 부가적인 서비스, 특별한 혜택에 관련된 기대다. 고객의 기대와 달리 인간관계에서의 기대는 다음과 같이 정반대로 구분된다.

- 일차적 기대 : 상대방에게 기본적으로 바라는 기대
- 이차적 기대 : 일차적 기대가 미충족되었던 결과에 기초하여
　　　　　　　바라는 기대

다시 설명하자면 인간관계에서의 일차적 기대는 상대방에게 기본적으로 바라는 사항이다. 이차적 기대는 일차적 기대가 미충족되는 경우의 대안적인 기대다. 예를 들어 부모가 당신들이 원하는 사람과 자녀가 결혼하기를 바라는 것은 일차적 기대다. 만약 자녀가 결혼을 하지 않을

경우 부모에게 그 이유를 충분히 설명하고 납득시키기 위해 노력할 것이라는 기대는 이차적 기대다. 몇 가지 사례를 추가로 생각해보자.

1) 집에서의 저녁 식사

- 일차적 기대 : 내가 정성껏 준비한 저녁 식사를 남편이 귀가하여 맛있게 먹을 것이다.
- 이차적 기대 : 남편이 밖에서 저녁을 먹고 오면 나에게 미안함을 표시할 것이다.

2) 직장에서의 영업 목표

- 일차적 기대 : 직원들이 영업 목표를 달성할 것이다.
- 이차적 기대 : 직원들이 영업 목표를 달성하지 못하면 더욱 분발하여 일할 것이다.

3) 사회에서의 약속 시간

- 일차적 기대 : 상대방이 약속 시간을 정확하게 지킬 것이다.
- 이차적 기대 : 상대방이 약속 시간에 늦으면 전화나 문자로 늦는다는 사실을 알려올 것이다.

대인관계에서의 기대는 일차적 기대와 이차적 기대로 구분된다. 원만한 관계를 형성하려면 일차적 기대를 충족시키는 것이 중요하지만 이는 현실적으로는 쉽지 않은 일이다. 따라서 일차적 기대를 충족시키지 못할 경우에는 이차적 기대를 충족시키기 위한 노력을 기울여야 한다.

앞에서도 이야기한 바와 같이 인간관계의 발전을 위해서는 심리적 계약의 준수가 중요하다. 심리적 계약은 상대방에게 형성된 기대감을 충족시켜 주는 것과 아울러 상대방의 기대감을 충족시켜 주지 못했을 경우 "당신의 욕구를 충족시켜 주기 위해 최선의 노력을 기울였다."라는 사실을 상대방에게 확신시킬 수 있어야 심리적 계약이 파기되지 않는다. 지금까지 이야기한 사항을 정리하면 다음과 같다.

> **상대방이 기대하는 대로 행동하라.**
>
> ⇩
>
> **일차적 기대를 충족시키지 못하면 이차적 기대를 충족시켜라.**
>
> ⇩
>
> **최대한의 노력을 기울이고 상대방에게 이해시켜라.**

부정적 정서를 예방하라

다른 사람을 만났을 때는 나에 대해 부정적 정서가 형성되지 않도록 노력해야 한다. 나와 함께 있는 순간이 불편하거나 불안, 불쾌하면 갈등이 발생하게 된다. 인간관계에서 형성되는 부정적 정서로는 대표적으로 일곱 가지 유형이 있다.(『젊은이를 위한 인간관계의 심리학』, 권석만, 학지사 참고)

1) 분노

분노는 "자기 요구의 실현을 부정 및 저지하는 것에 대한 저항 결과 생기는 정서"로 분하여 화를 내는 것이다. 대인관계에서 가장 중요한 것이 분노를 잘 조절하는 것이다. 화를 참지 못하고 표출하면 인간관계를 해치고 갈등이 발생한다. "화가 치밀어 오르거든 마음속으로 열을 세십시오. 열까지 세어도 화가 가라앉지 않으면 백까지 세십시오."라는 토머스 제퍼슨의 말을 참고하여 분노를 조절할 수 있도록 노력하라. 마찬가지로 다른 사람에게 나에 대한 분노가 형성되지 않도록 노력해야 한다.

2) 불안과 공포

불안은 '특정한 대상이 없이 막연히 나타나는 불쾌한 정서적 상태, 안도감이나 확신이 상실된 심리 상태'이다. 공포는 '괴로운 사태가 다가올 것을 미리 생각하거나 현실적으로 다가왔을 때 일어나는 불쾌한 감정을 바탕으로 한 정서적 반응'으로 불안과의 차이점은 공포를 느끼는 대상이 구체적이고 명확하다.

3) 수치심과 죄책감

수치심은 '부끄러움을 느끼는 마음'이다. 다른 사람에게 비판, 비난을 받거나 인격적 가치를 무시당했을 때 수치심이 형성된다. 죄책감은 '저지른 잘못에 대하여 책임을 느끼는 마음'이다. 다른 사람에게 피해를 주면 죄책감이 형성된다.

4) 시기와 질투

시기는 '다른 사람이 잘 되는 것을 샘하며 미워하는 것'이다. 질투는 '자기가 좋아하는 사람이 다른 사람을 좋아하거나 호의적인 태도로 대하는 것에 대해 미움을 느끼거나 분하게 여기는 것'이다.

5) 경멸과 혐오감

경멸은 '어떤 사람이나 태도(態度) 등을 낮추어보거나 업신여기는 것'이다. 혐오감은 '싫어하고 미워하는 감정'이다.

6) 슬픔

슬픈 마음이나 느낌이다.

7) 고독감

고독감은 세상에 홀로 떨어져 있는 듯이 외롭고 쓸쓸한 마음이다.

이상과 같은 부정적 정서가 형성되지 않으려면 다음과 같은 점에 유의해야 한다.

1. 다른 사람을 처음 만났을 때는 자기 공개를 많이 해서 편안하게 만든다.
2. 비상식적, 극단적, 위협적인 단어나 표현은 사용하지 않는다.
2. 상대방의 말을 끊거나 무시하지 않도록 조심한다.

3. 상대방을 비판하거나 비난하지 않도록 노력한다.

4. 상대방의 잘못과 실수를 추궁하지 않도록 노력한다.

5. 나에 관련된 일을 이야기할 때는 시기심이 들지 않도록 조심한다.

6. 다른 사람에 관련된 일을 이야기할 때는 질투심이 들지 않도록 조심한다.

7. 나의 외모, 복장, 습관, 버릇 등에 혐오감을 주는 요소가 없도록 조심한다.

8. 나의 언어, 태도, 자세, 가치관 등에 경멸감을 주는 요소가 없도록 조심한다.

9. 상대방을 기분 좋고 즐겁게 해주도록 노력한다.

10. 상대방의 마음을 잘 헤아려 공감대를 형성해준다.

대인관계에서 갈등을 예방하고 원만한 관계를 만들려면 긍정적 정서가 형성되고 부정적 정서가 형성되지 않아야 한다. 인간관계를 할 때는 상대방의 마음에 부정적 정서가 형성되지 않도록 주의하라.

언어 습관을 바꿔라

미국 워싱턴주립대학교의 심리학 교수 존 가트맨(John Gottman) 박사의 조사 결과에 의하면 부부가 이혼하는 본질적인 이유는 성격 차, 경제난, 배우자의 부정과 같은 표면적 원인이 아니라 그러한 갈등에 대해 어떻게 대처하고 해결해나가느냐에 따른 것이라고 한다. 즉, 어떤 문제가 발생하였을 때 대화와 토론을 통해 서로의 생각과 감정을 이해하고 수용하려는 태도를 나타낸 사람들은 이혼까지 이르지 않는 경우가 많았지만 상호 간에 공격적인 말과 행동으로 일관한 사람들은 끝내 이혼에 도달하게 된다는 것이다.

가트맨 박사의 주장에 따르면 갈등이 발생했을 때 부부가 나타내는 부정적인 반응 중에서 이혼까지 도달하게 만드는 위험 요인은 비난, 경멸, 방어(반격), 도피(담쌓기)의 네 가지로 구분된다. 이러한 부정적인 태도가 부부싸움을 통해 모두 나타나면 이혼할 확률이 92%에 달하는 것으로 밝혀졌다.

결국 이러한 조사 결과는 갈등 관리에도 동일한 관점을 시사해주고 있다. 즉, 갈등 해결에서 가장 중요한 것은 갈등의 원인 그 자체보다도 갈등이 발생했을 때 어떤 말과 행동, 어떤 태도로 문제를 해결하려 시도하는지가 핵심인 셈이다. 이것은 우리의 언어 습관과 밀접한 관련이 있다. 보통 갈등은 서로 다른 생각과 감정이 부딪쳐 발생한다. 이때 상대방의 말과 행동에 내가 부정적인 반응을 보이면 갈등이 커지고 내가 긍정적인 말과 행동으로 반응하면 갈등은 약화되는 것이다. 그러나 사람들은 총알이 장전된 총을 조심스럽게 다뤄야 하는 것은 알면서도 말을 조심스럽게 해야 한다는 것을 알지 못한다. 나의 언어 습관이 다른 사람에게 부정적인 반응을 일으키고 있는 것은 아닌지 점검해보고 긍정적인 대화법을 익히도록 노력해야 한다. 이를 위해서는 교류분석(TA) 이론을 활용하는 것이 좋다.

교류분석(TA; Transactional Analysis)은 1957년 미국의 정신의학자인 에릭 번(Eric Berne)에 의해 창안되었다. 교류분석에는 여러 가지 이론과 실천 방법들이 있는데 핵심적인 내용은 다음과 같다.

1) 교류분석에서는 "과거와 타인은 바뀌지 않는다. 바꿀 수 있는 것은 자신뿐이다."라는 철학을 가지고 있다. 아울러 사람은 누구나 둘도 없는 소중한 존재이며, 사람은 누구나 생각하는 능력을 갖고 있고, 사람은 자신의 운명을 스스로 결정하고 그 결정은 바꿀 수 있다고 정의한다. 이를 바탕으로 사람들의 대인관계를 네 가지 유형으로 나눈다.

① 나도 OK, 타인도 OK (자타긍정)
　나도 주위 사람도 모두 좋다.

② 나는 OK가 아니지만(Not OK), 타인은 OK (자기부정, 타인긍정)
　주위의 사람은 좋지만 나는 좋지 못하다.

③ 나는 OK이지만, 타인은 OK가 아니다.(Not OK) (자기긍정, 타인부정)
　나는 좋지만 주위 사람은 좋지 못하다.

④ 나도 OK가 아니고, 타인도 OK가 아니다. (자타부정)
　나도 좋지 못하고 세상 사람들도 좋지 못하다.

2) 교류분석에서는 사람들을 연령이나 지적 수준에 상관없이 보통 세 가지 유형의 인성 표현을 보이는 것으로 구분하는데 각각 어버이(Parent), 성인(Adult), 어린이(Child)로 명명한다. 이것은 다시 다음과 같은 다섯 가지 유형으로 분류한다.(한국교류분석협회 홈페이지 자료 참조)

어버이(Parent: P) **자아 상태** : 양친이나 양육자들의 생각, 행동 또는 느낌을 동일시한 부분으로 아직도 자기에게 영향을 주고 있는 말이나 동작이 내포되어 있다. P에는 징벌과 제한을 가하는 부분과 남을 보살펴주는 양육적인 부분이 있다.

① 비판적 어버이(Critical Parent) : 약자로 CP라고 부르며, 주로 비판, 비난, 질책과 관련되어 있으며, 어린이들에게 규칙을 가르쳐주는 엄격한 면, 양심과 관련이 있다.

② 양육적 어버이(Nurturing Parent) : 약자로 NP라고 부르며, 어린이의 성장을 도와주는 어머니와 같은 부분이며 동정적, 보호적, 양육적, 공감적이다. 그러나 지나치면 상대방의 독립심이나 자신감을 빼앗는 결과를 가져오기도 한다. 치료자에게 요구되는 가장 기본적인 것이다.

성인(Adult: A) **자아 상태** : 사실 중심으로 관찰하여 정보를 수집, 정리, 통합하는 것이다. 문제 해결법을 찾으려고 하며, 이를 위해서 행동에 옮기는 것도 가능하다. A는 감정에 지배되지 않는 냉정한 부분이지만, 정신적으로 성숙한 인간이라는 의미는 아니다.

어린이(Child: C) **자아 상태** : 우리들이 어린 시절에 실제로 느꼈다든지 행동했던 것과 같은 감정이나 행동을 나타내는 상태이다. 인생 초기에 어버이에 대응하기 위해 습관화된 반응양식도 포함된다. 여기에는 자유로운 어린이와 순응하는 어린이 두 가지 기능이 있다.

① 자유로운 어린이(Free Child) : 약자로 FC라 부르며, 이것은 성격 중에서 가장 선천적인 부분이다. 감정적, 본능적, 자기중심적, 호기심이나 창조성의 원천이다. 일반적으로 FC가 풍부한 것이 건강하다.

② 순응하는 어린이(Adapted Child) : 약자로 AC라고 부르며, 어린이가 부모에게 순종하려고 노력하는 부분으로 부모의 영향 밑에서 이루어진다. 보통 말이 없고 얌전한, 소위 '좋은 아이'이지만 장래 무엇이 있으면 반항하거나 격노하기도 한다. 교류분석에서는 AC가 과도한 경우를 특히 주목해야 한다. 이것은 '자유로운 나'를 극도로 억압하여 마치 어른인 것처럼 행동하여 주위를 놀라게 하는 경우가 있다

3) 교류분석에서는 이와 같은 이론을 근거로 일상생활에서 어떤 말, 행동, 태도를 취하게 될 때는 우리가 지니고 있는 어버이(P), 성인(A), 어린이(C)의 세 가지 인성 중에서 어떤 특성을 강하게 지녔느냐에 따라

대화 패턴과 행동양식이 달라진다는 것이다. 이것을 대화 패턴으로 분류해보면 다음과 같다.

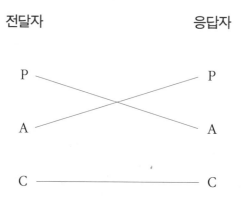

어버이 성향의 대화 패턴은 상대방을 꾸짖고 행동을 통제하고 상대방을 위협한다. 성인 성향의 대화 패턴은 상대방을 인격적으로 존중하고 배려하며 경청과 솔직한 자기 공개가 이뤄진다. 어린이 성향의 대화 패턴은 항상 관심이나 인정을 요구하고 투정을 부리거나 책임을 회피, 거부한다. 때로는 상대방으로부터 지시나 명령을 받고자 한다.

교류분석에서 말하는 것과 같이 우리는 모두 자신만의 독특한 언어 습관, 행동양식을 지니고 있다. 가장 바람직한 것은 성인(P)으로서의 인성을 갖는 것이지만 모든 사람은 어버이(P), 어린이(C)의 인성을 함께 가지고 있다. 따라서 평상시에 내가 어떤 성향으로 대인관계를 하고 다른 사람과 대화를 나누고 있는지를 점검해보고 성인 대 성인으로서의 대화법이 습관화될 수 있도록 노력해야 한다.

특히 가장 문제인 것은 대인관계에서 나는 OK, 타인은 NOT OK라는 태도를 취하는 것이다. 대부분의 사람들이 갈등이 발생하면 자신에게는 아무런 문제가 없고 상대방에게만 문제가 있는 것으로 생각한다. 그러나 이런 태도로는 갈등을 해결할 수 없다. 나에게 갈등을 유발하고 있는 요소는 없는지 스스로를 돌이켜 보아야 갈등을 슬기롭게 해결할 수 있다. 인디언 속담에 "그 사람의 신발을 신고 오랫동안 걸어보기 전까지는 그 사람을 판단하지 마라."라는 말이 있다. 갈등을 예방하고 해결하려면 상대방의 신발을 신고 오랫동안 걸어본 다음에도 그 사람을 판단하지 말아야 한다.

즐거우면 입을 다물어라

아르바이트 구인·구직 포털 '아르바이트천국(www.alba.co.kr)'과 리서치 전문기관 '엠브레인'이 일반사원 1,310명을 대상으로 "상사를 험담한 경험이 있습니까?"라는 설문을 실시하였는데 그 결과 95%가 '있다'라고 응답해 대부분의 일반사원들은 직장 상사 험담을 한 경험이 있는 것으로 나타났다. 험담을 하는 이유로는 스트레스 해소가 51%로 가장 많았으며 직장 동료와 공감대 형성을 위해 험담한다는 대답도 32%에 이르렀다.

회사 내에서 가장 짜증나는 상사 직급은 과장이 37%로 가장 많았고, 대리(21%), 부장(20%)이 뒤를 이었다. 일반사원과 월등히 많이 차이나는 직급보다는 직급 차이의 갭이 다소 적은 대리나 과장이 일반사원들을 더 힘들게 하는 것으로 나타났다. 싫어하는 상사 유형은 잔소리하는 상사, 막말하는 상사, 비꼬는 상사가 1, 2, 3위를 차지해 육체적 스트레스보다는 상사의 말로 인한 정신적 스트레스가 더 심한 것으로 나타났다. 직장생활에서의 험담, 뒷담화는 어떻게 하는 것이 바람직할까?

미국 16대 대통령 링컨은 주변 사람들의 마음을 사로잡는 데 뛰어난 역량을 발휘했다. 그러나 링컨도 젊은 시절부터 인간관계가 원만했던 것은 아니며 정반대로 사람에 대한 비난을 즐겼던 것으로 알려져 있다. 1842년 링컨은 제임스 쉴즈라는 정치가를 비웃는 글을 잡지에 기고하였다. 이 글을 읽은 제임스 쉴즈는 링컨에게 달려와 결투를 신청하였다. 며칠 후 미시시피 강변에서 결투가 벌어지려는 순간, 입회인들이 강제로 말린 덕분에 링컨은 생명을 구할 수 있었다. 이날 이후로 링컨은 다시는 타인을 비난하거나 모욕하는 일을 하지 않았다.

'삼가재상(三可宰相)'은 '삼가정승(三可政丞)'이라고도 하며 황희 정승의 일화에서 나온 말이다. 노비 두 사람이 서로 다투다가 황희 정승을 찾아왔다. 그중 하나가 다른 노비의 잘못을 일러바치자 황희 정승이 "네 말이 옳다."라고 답하였다. 이어서 다른 노비가 먼저 노비의 잘못을 고하자 황희 정승이 다시 말하기를 "네 말도 옳다."라고 하였다. 옆에서 이를 듣고 있던 황희 정승의 부인이 "이쪽도 옳고 저쪽도 옳다고 하면 도대체 어느 쪽이 틀렸다는 말씀입니까?"라고 말하자 황희 정승이 대답하길 "그 말도 옳소."라고 했다는 것이다.

이처럼 황희 정승이 세 사람의 말을 모두 옳다고 판단했다 하여 '삼가재상'이라고 부르는 것이다. 황희 정승이 어찌 분별력이 없고 시시비비를 가릴 줄 몰랐겠는가! 사람이란 자신의 입장에서만 생각하기 때문에 모두 자신만 옳다고 생각하는 존재란 점을 알았으며, 또 그렇기 때문에 입장을 바꿔 역지사지의 마음으로 이해하면 사람은 모두 자신의 입장에서는 옳을 수 있다는 것을 알았기 때문에 함부로 다른 사람에 대해 판단하거나 비난하는 일을 삼갔던 것이라 짐작된다.

세상을 살다 보면 다른 사람을 평가하거나 비판하는 일이 생기게 된다. '이해해야지, 겸손해야지.' 하고 마음을 먹으면서도 어느 틈엔가 다른 사람의 잘못이나 실수에 대해 비판하고 비난하게 된다. 상대방도 옳을 수 있다고 생각하기보다는 네가 잘못됐다고, 내가 옳은 것이라고 말하게 된다. 상대방의 생각과 입장은 생각지 않고 나의 생각과 입장만 생각하며 상대방을 비판, 비난하는 것이 일상생활에서 흔히 마주치는 우리들 모습이다.

그러나 세상 사람들은 모두 성격과 행동유형이 다르며, 처해 있는 입장과 상황이 다르고, 동일한 사물, 사건에 대해서도 바라보는 관점이 다르기 때문에 항상 다른 사람과의 차이를 수용하고 존중해야 한다. 다른 사람들을 내 잣대로 평가하지 말고, 그 사람의 잣대로 이해해야 한다. 직장이나 사회생활에서 친구를 만드는 것보다 중요한 것은 적을 만들지 않는 것이며, 적을 만들지 않기 위해 가장 중요한 것은 다른 사람들을 평가하고 비난하는 것을 삼가는 것이다. 말은 한 번 입 밖으로 내

뱉으면 주워담을 수도 없을 뿐더러 "함부로 내뱉은 말은 상대방의 가슴 속에 수십 년 동안 화살처럼 꽂혀 있다."라는 롱펠로우의 말처럼 상대 방에게 깊은 상처를 남기게 된다. 이렇게 다른 사람의 감정과 자존심에 상처를 주는 것은 상대방의 가슴속에 분노와 적개심을 심어놓는 것이 며 언젠가 내게 돌아올 복수의 화살을 꽂아놓는 일이다. 따라서 적을 만들고 싶지 않다면 비난하거나 비판하지 마라.

아랍 속담에 "친구를 비판하는 것이 마음 아플 때는 비판해도 좋다. 그러나 거기서 조금이라도 즐거움을 느낄 때는 입을 다무는 것이 상책 이다."라는 말이 있다. 대화 중에 남을 비판하고 싶을 때는 이 말을 꼭 명심하자. 혹시라도 다른 사람을 비판할 때 마음이 아픈 것이 아니라 통쾌하거나 시원하다는 느낌이 든다면 입을 다물어라. 가족이나 친구, 직장의 상사, 동료, 부하를 험담하고 싶을 때 마음이 아프지 않고 즐겁 다면 입을 다물어라. 그리고 말하라. "그래 네가 옳다. 나도 옳다. 우리 는 모두 옳다."

갈등을 예방하는 대화법

갈등은 여러 가지 원인에 의해 생겨나지만 직접적으로는 부정적인 대 화 표현을 통해 겉으로 표출된다. 따라서 갈등을 예방하려면 올바른 대화법을 사용해야 한다. 갈등을 예방하는 대화법을 알아보자.

1) 명령형 ☞ 의뢰형

다른 사람에게 지시할 일이 있으면 명령형으로 말하지 말고 의뢰형으로 부탁하듯이 말하라.

예) 김 과장, 여기에 있는 서류 복사해와.
☞ 김 과장, 여기에 있는 서류 복사해서 갖다 줄 수 있을까?

김 대리, 커피 한 잔 뽑아와.
☞ 커피 한 잔만 뽑아다 줄 수 있을까?

2) 쿠션 용어 사용

다른 사람에게 부탁을 하거나 거절할 때는 대화 앞부분에 완충 작용을 해주는 단어를 사용한다.

예) 미안합니다만, 잠시 5분만 기다려주실 수 있을까요?
감사합니다만, 지금은 제가 시간을 내기 어려우니 다음에 함께 식사하시죠.
옳은 이야기입니다만, 이런 조사 결과도 있더군요.

3) 샌드위치 화법 사용

다른 사람을 비판하거나, 부탁을 거절할 때는 샌드위치 화법을 사용하여 긍정-부정-긍정의 순으로 말한다.

예) 박 대리는 정말 프레젠테이션 능력이 뛰어나.(긍정) 그런데 발표 중에 가끔 천장을 쳐다보는 버릇이 있던데 그 사항은 고쳐야 될 것 같아(부정). 그것만 고치면 정말 최고로 완벽하겠어.(긍정)

예) 저에게 추천사를 써달라고 하니 정말 영광입니다.(긍정) 그런데 그쪽 분야는 제가 문외한이라서 추천사를 쓴다는 것이 어울리지 않는 것 같습니다.(부정) 혹시 마케팅 분야의 책을 쓰시면 그때는 꼭 추천사를 써드리겠습니다.(긍정)

4) I-메시지 화법 사용

I-메시지 화법은 상대방에게 책임과 잘못을 돌리지 않고 내가 느끼는 감정만 솔직하게 전달하는 표현법이다. 일반적으로 사람들은 You-메시지 화법을 많이 사용하는데 You-메시지 화법은 상대방에게 공격적인 느낌을 주게 되므로 가급적 I-메시지 화법을 사용하는 것이 바람직하다.

예) 얌전히 집에 있으라고 했는데 어디를 마음대로 갔다 온 거야? 왜 아빠 말을 안 듣고 말썽을 부리는 거야? (You-메시지 화법)

네가 갑자기 없어져서 아빠는 너무 걱정이 됐단다. 어디에 있었니? (I-메시지 화법)

5) 부정적 커뮤니케이션 사용 안 하기

부정적 커뮤니케이션은 다른 사람에게 공격적이고 부정적인 느낌을 전달하는 표현법이다. 대화를 할 때는 긍정적 커뮤니케이션을 한다.

예) 비난, 비판 - 너는 너무 이기적이야.

　　책임과 잘못 전가 - 이 프로젝트가 실패한 것은 전적으로 부장님 책임입니다.

　　인격적 가치 모욕 - 과장이 돼 가지고 이 정도밖에 보고서를 못 만드나? 월급이 아깝다.

이 외에도 몇 가지를 덧붙이자면 ① 대화 중에 유머를 활용하는 것은 갈등 예방에 도움이 된다. ② 오해가 생길 수 있는 사항은 상대방의 말을 반복, 요약, 질문하여 분명하게 확인해야 한다. ③ 무엇보다 중요한 것은 따뜻한 말을 베풀고 상처 주는 말을 피하는 것이다. 칭찬, 감사, 격려, 축복 등의 말을 많이 하라. ④ 불가피하게 비판, 비난할 상황이 생기면 상대방의 감정과 자존심에 상처를 주지 않도록 주의하며 말하라.

한 번 엎질러진 물을 주워담기 어렵듯이 한 번 내뱉은 말도 주워담기 어렵다. 갈등은 해결보다 예방이 중요하니 올바른 대화법을 익혀 갈등이 발생되지 않도록 사전에 노력해보자.

아래 항목을 읽고 자신에게 해당하는 내용에 O를 표시하라.

1. 편안하게 말할 수 있는 공간, 분위기 조성에 신경을 쓴다. ( )
2. 칭찬, 감사, 격려의 말로 상대방의 기분을 고양시켜 준다. ( )
3. 개인적인 이야기를 들려주며 격의 없는 분위기를 조성한다. ( )
4. 말의 빠르기와 톤, 억양을 안정되게 유지한다. ( )
5. 눈 맞춤, 고갯짓, 추임새를 통해 경청하고 있음을 느끼게 해준다. ( )
6. 요약, 질문, 공감 표현 등을 통해 상대방의 의사 표현을

  촉진시켜 준다. ( )
7. 밝은 미소, 대화 내용에 맞는 적절한 표정을 짓는다. ( )
8. 활발한 손동작, 팔동작을 통해 상대방의 대화를 북돋아 준다. ( )
9. 상대방과 적당한 거리를 유지하며 친밀하고 관심 있는

  자세를 취한다. ( )
10. 대화를 하면 상대방이 70% 이상 말할 수 있도록 한다. ( )

해 설)
• O의 개수가 8개 이상 (우수)
이 점수에 해당하는 사람은 기본적인 대화 기술이 매우 우수한 편이다. 대화를 나눌 때 음성, 태도, 자세, 제스처보다는 상대방에 대한 칭찬, 지지, 인정의 표현을 자주 해주고 동시에 자신의 내면의 모습을 적

극적으로 보여주는 자기 공개에 신경을 쓰면 더욱 좋은 대화를 만들
수 있다.

- O의 개수가 5~7개 사이 (보통)

이 점수에 해당하는 사람은 대화 기술이 보통 수준이다. 가장 중점을
두어야 할 사항으로는 적절한 눈 맞춤, 고갯짓, 추임새, 제스처를 연습
하는 것이 필요하다. 특히 상대방의 말을 들으며 반복, 요약, 질문들을
통해 적극적으로 경청해주어야 좋은 대화 상대로 인정받을 수 있다.

- O의 개수가 4개 이하 (개선 필요)

이 점수에 해당하는 사람은 대화 스타일에 개선이 필요하다. 열 가지
항목 중에 해당되지 않는 내용이 무엇인지 살펴보고 자신의 대화 스타
일을 고치도록 노력해야 한다. 그중에서도 가장 먼저 신경 써야 할 것
은 적절한 표정, 올바른 자세, 상대방의 말을 집중하여 경청하는 마음
이다. 다른 사람과 대화를 나눌 때는 표정과 태도를 바르게 하고 상대
방의 말에 귀를 기울여야 한다.

슬기롭게 비판하는 법

인생에서 가장 중요한 것은 적을 만들지 않는 것이다. 적을 만들지 않
으려면 비판을 하지 않으면 된다. 그러나 사회생활을 하다 보면 어쩔

수 없이 다른 사람을 비판해야만 되는 경우가 생긴다. 따라서 다른 사람을 슬기롭게 비판하는 방법을 알아둘 필요가 있다. 비판은 다음과 같이 하는 것이 바람직하다.

1) 먼저 상대방의 입장을 헤아려라

비판을 하기 전에 상대방의 생각이나 감정, 상대방이 처해있는 상황을 공감해보는 것이 필요하다. 내가 먼저 상대방의 입장이 되어 상대방의 마음을 이해하려는 노력을 하라.

2) 자신부터 비판하라

내가 부족한 점, 내가 저질렀던 실수, 내가 인간적으로 겪고 있는 갈등, 한계 등에 대해 솔직하게 말하라. 사람은 신이 아니기 때문에 누구나 실수와 잘못을 행할 수 있다는 것을 서로 공감하고 비판받는 데 대한 두려움이나 거부감을 해소하라.

3) 공동의 문제로 정의하라

비판하려는 취지가 함께 문제를 해결하려는 것임을 인식시켜라. 상대방에게 책임과 잘못을 묻기 위한 것이 아니라 서로에게 도움이 되는 발전 방향을 찾기 위한 과정이라는 점을 알려라.

4) 일대일로 비판하라

다른 사람들이 있는 공개적인 장소에서 비판하는 것은 상대방에게 더 큰 수치심과 감정적 상처를 가져온다. 둘만이 있는 장소에서 일대일로 비판하라.

5) 관련된 사항만 비판하라

비판을 할 때는 관련된 문제만 비판하고 과거에 발생했던 일, 또는 다른 문제들과 결부시키지 마라. 본질에 관련된 핵심사항만 비판하라.

6) 구체적으로 비판하라

추상적으로 비판하지 마라. 가정하거나 추측하지 말고 확대해서 비판하지 마라. 객관적인 사실, 계량적인 데이터만 가지고 비판하라.

7) 문제에 대해서만 비판하라

인격적인 부분에 대해서는 비판하지 마라. 업무에 대한 비판이면 업무에 대해서만 비판하고 상대방의 인격을 훼손하고 무시하는 비판은 하지 마라.

8) 해결에 초점을 맞춰서 비판하라

문제에 초점을 맞추지 말고 해결 방법에 초점을 맞춰서 비판하라. 잘못을 힐책하는 비판이 아니라 어떻게 대안을 마련할 수 있는지 대화하라.

9) 칭찬이나 긍정을 곁들여라

무조건 비판만 하지 말고 상대방에 대한 칭찬이나 지지, 인정을 함께

하라. 가장 좋은 것은 칭찬, 비판, 긍정의 순으로 비판하는 것이다.

10) 감정을 조절하라

비판을 할 때 감정에 사로잡히지 마라. 특히 상대방이 비판을 받아들이지 않고 공격적으로 나오면 감정적으로 흥분하기 쉽고 이렇게 되면 좋은 비판은 불가능하다. 감정을 절제하여 냉철하고 차분한 마음 상태를 유지하라.

비판은 상호 간에 신뢰가 형성되어 있어야 생산적인 비판이 가능해진다. 가급적 상대방에 대한 호의를 가지고 비판해야 하며 만약 상대방을 비판하는 일에서 즐거움을 느낀다면 그것은 비판이 아니라 공격이다. 누군가를 비판해야 할 때는 위에서 말한 열 가지 사항을 실천하여 슬기롭게 비판하도록 노력하자.

상처 주지 않고 거절하는 법

직장인을 대상으로 "함께 일하고 싶은 직장동료는 어떤 사람인가?"라는 설문조사를 실시하였다. 그 결과 가장 응답자가 많았던 답변은 "대출받는 데 보증을 잘 서주는 동료"였다. 반면에 "함께 일하고 싶지 않은 동료는 어떤 사람인가?"라는 질문에 가장 응답자가 많았던 답변은 "대출받는 데 보증 서달라고 부탁하는 동료"로 나타났다. 부탁은 역시 양

날의 칼이다. 내가 하는 부탁은 들어줘야 좋고, 다른 사람이 하는 부탁은 들어주기 어렵다. 사회생활을 하다 보면 다른 사람의 부탁을 거절하지 못하여 어려움에 처하거나 반대로 거절하는 과정에서 오해나 반감이 생겨 인간관계를 해치는 경우가 많이 발생한다. 어떻게 하면 다른 사람의 부탁을 슬기롭게 거절할 수 있을까?

1) 바로 거절하지 않는다

부탁을 듣자마자 앉은 자리에서 거절하는 것은 상대방의 문제를 중요하게 생각하지 않는다는 느낌을 줄 수 있다. 따라서 승낙하기 어려운 부탁으로 판단되는 경우에도 바로 거절하지 말고 검토할 시간을 달라고 말하는 것이 바람직하다.

2) 거절할 가능성을 미리 알려놓는다

생각할 시간을 달라고 요청하면서 거절할 수 있음을 언급해놓는다. 이렇게 되면 상대방은 자신의 부탁이 거절되는 경우를 예상해보고 스스로 마음의 준비를 하게 된다. 그러면 실제 상황에서도 거절당하는 상황을 쉽게 수용하게 된다.

3) 거절하는 시간, 장소, 방법을 잘 선택한다

거절하는 시간, 장소, 방법을 적절하게 선택하라. 일반적으로 오전보다는 오후에, 공개적인 장소보다는 독립된 공간에서 거절하는 것이 바람직하며 직접 만나거나, 전화, 이메일 중에서 상대방과 상황에 따라 적절한 방법을 선택하여 거절한다. 거절의 방법에 따라서 오해나 반감의 정도가 달라질 수 있다.

4) 먼저 호감과 감사함을 표현하라

거절을 하기 전에 내가 상대방에게 호감을 가지고 있음을 표현하는 것이 좋다. 그리고 상대방이 나에게 신뢰감을 가지고 부탁을 해준 데 대해 감사의 마음을 표현한다.

5) 부탁을 들어주지 못하는 이유를 명확하게 이야기한다

부탁을 거절할 수밖에 없는 이유를 구체적으로 분명하게 표현한다. 애매한 표현이나 주관적인 이유가 아닌 객관적이고 명확한 근거를 가지고 거절한다.

6) 부분적으로 수용한다

상대방의 부탁 중에서 수용할 수 있는 사항을 검토하여 일정 부분을 승낙한다. 전부가 아니면 전무라는 생각을 버리고 상대방의 부탁을 들어주기 위해 최대한 노력하는 모습을 보인다.

7) 대안을 제시한다

다른 부탁, 또는 다음 기회에는 상대방의 부탁을 들어줄 의사를 밝힌다. 이번에는 어쩔 수 없는 불가피한 상황으로 거절하지만 다음에는 꼭 부탁을 들어주겠다고 이야기한다.

8) 인간적으로 호소한다

때로는 합리적인 이유가 아닌 인간적인 모습으로 솔직하게 호소한다. 내가 처한 상황, 내가 겪는 갈등, 인간적인 욕구, 감정을 사실대로 말한다. 상대방이 내가 거절할 수밖에 없는 이유를 인간적으로 이해해줄 수 있도록 이야기한다.

9) 미안함을 표현하라

상대방의 부탁을 들어주지 못하는 점에 대해 미안함을 표현하라. 상대방이 느낄 수 있는 서운함, 상대방이 겪고 있는 어려움에 대해 공감을 나타내고 도움을 주지 못하는 점에 대해 정중하게 사과하라.

10) 반대급부를 제공하라

상대방에게 미안함과 좋은 관계가 지속되기를 바란다는 뜻이 담긴 행동을 보여줘라. 선물을 하거나 식사나 술을 대접하거나 다른 일을 도와줘라.

거절은 상대방이 나에게 가지고 있는 기대감, 신뢰감에 상반되는 행동이기 때문에 적절하게 이뤄지지 않으면 극심한 실망감, 불신감을 갖게 할 수 있다. 위에서 말한 열 가지 사항을 참고하여 다른 사람에게 부탁을 받았을 때 원만하게 거절할 수 있도록 노력해보자.

비판, 논쟁에 관한 명언

- 자신을 낮출 줄 아는 사람은 중요한 자리에 오를 수 있고 남 이기기를 좋아하는 사람은 반드시 적을 만나게 된다. (경행록_景行錄)
- 인생의 기술 90%는 싫어하는 사람과 사이좋게 지내는 방법에 관한 것 (새뮤얼 골드윈)
- 나는 다른 사람의 행동을 비웃거나 탄식하거나 싫어하지 않았다. 오로지 이해하려고만 하였다. (스피노자)
- 위인과 만나거든 너의 좋은 인상을 남기도록 하되, 소인과 만났을 때는 그 사람의 좋은 인상만을 남기도록 하라. (새뮤얼 테일러 콜리지)
- 인간관계를 즐겁게 만드는 것은 상호 간의 공통점이지만 인간관계를 흥미롭게 만드는 것은 상호 간의 차이점이다. (토드 루스만)
- 그 사람의 신발을 신고 오랫동안 걸어보기 전까지는 그 사람을 판단하지 마라. (인디언 속담)
- 신발이 어디가 끼는지는 오직 신고 있는 사람만이 안다. (영국 속담)
- 마음을 열고 다른 사람의 소리를 들어보렴. 다른 사람들도 너처럼 저마다의 소신이 있단다. (바버라 복서)
- 타인의 결점을 눈으로 똑똑히 볼 수 있는 것은 바로 우리들 자신에게도 그런 결점이 있기 때문이다. (쥘 르나르)
- 친구를 비판하는 것이 마음 아플 때는 비판해도 좋다. 그러나 거기서 조금이라도 즐거움을 느낄 때는 입을 다무는 것이 상책. (아랍 속담)

- 사람들은 총알이 장전된 총을 조심스럽게 다뤄야 하는 것은 알면서도 말을 조심스럽게 해야 한다는 것을 알지 못한다. (작자 미상)
- 그대에게 잘못이 없다면 화를 낼 이유가 없다. 만일 그대가 잘못을 했다면 화를 낼 자격이 없다. (간디)
- 논쟁을 하면서 분노를 느낀다면 진리가 아니라 자기 자신을 위해 논쟁하기 때문이다. (코머스 칼라일)
- 화가 치밀어 오르거든 마음속으로 열을 세라. 열까지 세어도 화가 가라앉지 않으면 백까지 세라. (토머스 제퍼슨)
- 당신을 비난하는 사람 앞에서도 의연한 태도를 지켜라. 화를 냄으로써 상대방이 만들어놓은 수렁에 빠지지 마라. (마르쿠스 아우렐리우스)
- 논쟁에 귀 기울여라. 그러나 논쟁에 가담하지는 마라. (고골)
- 긴 논쟁은 쌍방이 다 옳지 않다는 증거이다. (볼테르)
- 사람을 침묵시켰다고 해서 그의 마음까지 변화시킨 것은 아니다. (존 모리세이)
- 논쟁은 사람을 설득하는 가장 불리한 방법이다. 사람들의 의견은 못과 같아서 때릴수록 깊이 들어가 버린다. (유베날리우스)
- 교양이란 화를 내지 않고 그러면서도 자신의 신념을 잃지 않은 채 어떤 얘기라도 들을 수 있는 능력을 말한다. (로버트 프로스트)
- 남을 용서할 수 없는 사람은 앞으로 자신이 지나가야 할 다리를 스스로 파괴하는 셈이다. 왜냐하면 사람은 누구나 용서받을 일을 벌이기 마련이니까. (토머스 폴)

제4장

갈등을
해결하는 법

갈등을 해결하는 여섯 가지 단계

인간관계에서 갈등이 발생하면 다음과 같은 여섯 가지 단계를 거쳐 갈등을 해결할 수 있다. 갈등을 스트레스라고만 생각하지 말고 자신의 그릇의 크기를 키우는 훈련이라고 생각하며 실천해보자.

1) 원인 분석

첫째, 갈등이 발생한 원인이 무엇인지 분석해야 한다. 갈등의 원인은 생각 외로 복잡하다. 표면적으로 드러나는 원인이 전부일 수도 있지만 때로는 겉으로는 알 수 없는 원인이 보다 본질적이고 중요한 원인일 수 있다. 특정 법률의 통과를 둘러싸고 갈등이 발생했다면 가치관의 대립일 수도 있고, 이면에 숨겨진 이해관계가 대립되는 갈등일 수도 있다. 어쩌면 법안 심의 과정에서 생긴 감정적인 문제 때문에 대립하는 것일 수도 있고, 사소한 오해에서 빚어진 갈등일 수도 있다. 가장 핵심적인 원인이 무엇인지 파악하는 것이 중요하다.

2) 공감 형성

둘째, 상대방의 생각, 감정, 상황에 공감을 형성해야 한다. 대부분의 단순한 갈등은 공감 형성만 잘 이뤄져도 효과적으로 완화, 해결된다. 그러나 공감 형성은 말처럼 쉽지 않다. 더 어려운 것은 나 혼자만 공감해서는 안 된다는 사실이다. 공감 형성은 어디까지나 서로 동시에 이뤄져야 한다. 즉, 상대방이 내가 자신의 생각, 감정, 상황을 잘 이해하고 있다는 사실을 공감해야 한다. 공감 형성을 위해서는 상대방의 말을 집중하여 경청하고 적절한 말과 몸동작으로 반응을 나타내야 한다.

3) 자기 공개

셋째, 나에 대해 알리는 것이다. 상대방에게 나의 생각, 감정, 상황을 사실 그대로 알려야 한다. 자기 공개를 통해 다시 한 번 공감이 형성되고 나에 대한 이해가 높아지면 오해가 없어진다. 자기 공개는 적극적이고 긍정적인 표현을 통해 이뤄져야 한다.

4) 대안 마련

넷째, 대안 마련이다. 대화를 통해 서로의 생각, 감정, 상황을 공유하였으면 상호 간에 만족할 수 있는 합의점을 찾아보는 것이다. 협상의 여지를 가지고 대안을 작성하며 현실적인 목표를 구체적으로 계량화한다.

5) 협상과 절충

다섯째, 대화를 통한 협상 과정이다. 어찌 보면 모든 갈등에서 가장 중요한 과정이다. 협상 과정에 따라 갈등의 대처 방법이나 해결 수준이 전적으로 달라진다. 협상은 윈-윈(Win & Win)의 마음으로 진행하여야 한다.

6) 합의안 도출

마지막으로 합의안 작성이다. 합의안은 구두로 이뤄질 수 있으나 가급적 문서로 만드는 것이 바람직하다. 보안이나 비밀을 유지하지 않아도 되는 사항은 공개를 통하여 구속력을 높이는 것이 좋은 방법이다. 합의문에는 동일한 또는 유사한 갈등이 재발되지 않도록 상벌 규정을 포함하는 것이 바람직하다.

〈사 례〉

고등학교 1학년인 딸이 음악학원에서 보컬 오디션을 보았는데 합격하였다. 가수가 되고 싶다고 음악학원에 등록해달라고 하는 과정에서 갈등이 발생하였다.

1단계 : 원인 분석

갈등이 생긴 원인이 무엇인지 분석한다. 갈등의 발생 원인 일곱 가지 중에서 가치관, 상황, 오해 등에 의한 갈등으로 판단되며 가장 중요한 것은 상황에 따른 오해로 분석되었다. 즉, 대학교 입학을 준비해야 하는 딸이 공부에 소홀해질까 걱정하는 부모의 상황과 자신이 하고 싶은 일을 하려는 딸의 입장이 가장 큰 원인이다. 그 다음으로는 가수라는 직업에 대한 가치관, 연예계 및 음악학원에 대한 고정관념, 오해 등이 갈등의 원인을 제공하였다.

2단계 : 공감 형성

딸이 음악학원을 다니려는 이유, 감정, 입장을 충분히 경청하였다.

3단계 : 자기 공개

부모로서 걱정하는 마음, 감정, 입장에 대해 충분히 설명하였다.

4단계 : 대안 마련

가장 중요한 것은 학업에 소홀해지지 않는 일이므로 일단 3개월 동안 학원을 다닌 후에 학업 성적의 변화에 따라 음악학원에 계속 다닐 것인지를 결정하는 방법으로 대안을 마련하였다. 아울러 나쁜 친구 또는 환경에 휩쓸리지 않도록 음악학원 원장과 상담을 하고 긴밀하게 연락을 주고받는 것으로 대안을 마련하였다.

5단계 : 협상과 절충

대화를 통해 대안 사항에 대해 서로 동의하였다. 그 외에 '아침에 이부자리 정돈하기, 일어나면 굿모닝 인사하기, 책 많이 읽기' 등을 추가로 약속하였다.

6단계 : 합의점 도출

합의사항을 문서로 인쇄하여 1부씩 나눠 가졌다. 합의 내용이 실천되지 않을 경우에 용돈과 컴퓨터 시간을 줄이기로 상벌조항을 포함하였다.

갈등이 발생하면 여섯 가지 단계에 맞춰 갈등 해결 시스템을 운영하되 상황에 따라 탄력적으로 융통성 있게 대처하면 된다. '원인 분석-공감 형성-자기 공개-대안 마련-협상과 절충-합의점 도출'의 여섯 가지 단계를 잘 활용하여 슬기롭게 갈등을 해결해보자.

갈등은 총성 없는 전쟁이다

안녕하십니까 ?

겨울답지 않게 포근함이 느껴지는 날씨입니다.

저는 ○○부에 근무하는 최말단 직원 전예은입니다.

며칠 전 선생님 강의 때 "인간관계, 맥을 짚어라" 책을 선물로 받았습니다. 좋은 책을 주셔서 감사하게 잘 읽고 있습니다.

저도 언젠가는 선생님께 의미 있는 선물을 보낼 날이 있었으면 하는 바람입니다ㅠㅠ

몇 번 고민하다가 선생님께 이렇게 편지를 쓰게 된 사연은 제가 힘겨워하는 직장에서의 인간관계 문제입니다.

서두에 말씀드렸듯이 저는 최말단 직원이고, 상대 쪽은 같은 국에 근무하는 과장입니다.

당연 말도 안 되는 형국이죠? 저는 말단(약자)이고, 상대는 과장(강자)······ 후후

다른 분들과는 딱히 나쁜 관계라 할 것 없이 그동안 지내왔습니다만, 유달리 그분과는 친해지기는커녕 시간이 갈수록 점점 더 멀어지는 관계입니다.

그분을 처음 만난 것은 2년 전, 그 당시 딱히 좋은 첫인상은 아니었지만, '일에 지쳐서 그런가보다'라고 생각하며 별다른 감정은 없었습니다. 그런데 최근 제삼자의 개입으로 약간의 이간질 같은 것이 있은 후로, 저를 대하는 눈빛과 행동이 점점 더 싸늘해지더군요.

저는 직장생활에서 남에게 별다른 흉을 잡히거나, 싫은 소리를 듣고 지낸 적은 없는 편이며 일도 성실하게 최선을 다하는 타입입니다.

그쪽 과장은 고시 출신에 실력 있는 분으로 일명 '말발'도 세다고 할 수 있습니다. 제삼자인 이간질시킨 사람은 과장과 대학 동문으로 윗분들께는 일명 '손바닥을 잘 비비는' 스타일~~

선생님께 초면에 이렇게 제 이야기만 늘어놓아 죄송스럽습니다.

이런 경우 제가 어떻게 풀어가야 할지 좋은 조언 있으시면 부탁드립니다.

선생님의 답변을 받는 것을 무한한 영광으로 삼겠습니다.

선생님의 건승을 빕니다!!!

얼마 전에 정부기관의 워크숍에서 인간관계에 대한 특강을 하였는데 그때 교육에 참석하였던 사람인 모양이다. 얼마나 괴롭고 답답하였으면 나처럼 처음 만난 사람에게까지 메일을 보낸 것일까 생각하니 마음이 무척 안쓰러웠다. 누군가가 "세상에서 가장 어려운 일이 무엇이냐?"라고 물으면 나는 주저 없이 '인간관계와 갈등'이라고 대답할 것이다. 인생에서 행복을 좌우하는 것은 돈, 명예, 권력이 아니라 인간관계다. 인간관계가 행복하면 삶이 행복하고, 인간관계에 갈등이 많으면 삶은 불행하다. 우리는 돈, 명예, 권력을 소유하기 위해 애써야 하지만 그것 못지않게 갈등을 만들지 않도록 노력하며 살아야 한다.

그러나 갈등은 불청객과 같다. 초대하지 않아도 항상 내 주변을 맴돌다가 어느 날 불쑥 문을 열고 들어온다. 그러면 평온했던 휴일 낮의 한가로움은 끝나고 팽팽한 긴장과 대결의 총성 없는 전투가 벌어진다. 언제 끝날지, 어떻게 끝날지 아무도 예측할 수 없는, 어느 쪽도 승자가 되지 못하는 전쟁이 시작되는 것이다. 그리고 서로가 자신의 명분과 승리를 확신하며 상대방을 굴복시키기 위해 모든 수단과 방법을 동원한다. 결국 전쟁이 끝날 때 남는 것은 폐허와 상처, 가슴 깊이 새겨진 증오와 복수의 감정뿐이다. 그나마 다행인 것은 수많은 전쟁을 통해 전쟁을 예방하는 방법을 깨우쳐 왔듯이 수많은 갈등을 경험하며 슬기롭게 갈등을 극복할 수 있는 지혜에 대해서도 조금씩 배워가고 있다는 사실이다.

언제 답신을 쓸까 고민하다 아무래도 바로 보내주는 것이 좋겠다고 생각했다. 내가 들려주는 조언이 해결책이 될 수 있을지는 모르지만 자신의 고민에 대해 한시라도 빨리 조언을 듣고 싶어 할 것은 분명했기 때문이다. 잠깐 머릿속에 있는 생각을 정리한 후 편지를 쓰기 시작했다.

예은 씨~

안녕하세요!

메일을 읽어보니 마음의 고통과 상처가 무척이나 크리라 생각됩니다.

세상에서 가장 어려운 게 인간관계에서 생겨나는 갈등이죠.

지금 매우 힘든 상황에 놓여있으리라 판단되는데 아무쪼록 힘내시고 어서 빨리 좋은 관계가 회복되길 응원합니다.

먼저 기분전환에 도움이 되라고 썰렁한 유머 하나 적어 보냅니다.

초등학교 시험문제라고 하는데 엉뚱한 대답이 많네요.

질문 : "옆집 아주머니가 맛있는 사과를 주셨습니다. 뭐라고 인사해야 할까요?"

정답 : "아이고, 뭘 이런 걸 다."

질문 : "부모님은 왜 우리를 사랑하실까요?"

정답 : "그러게나 말입니다."

질문 : "사람들은 왜 옷을 입을까요?"

정답 : "저도 그게 불만입니다."

조금 웃었나요?

작은 목소리로 웃었다면 조금만 더 큰 목소리로 웃고,

하나도 안 웃었다면 저를 생각해서라도 살짝 한 번 미소 지어 주세요. 스마일~~^^

"행복한 사람은 행복해지는 것을 선택했을 뿐이다."라는 말 아시죠?

갈등의 순간에도 반드시 행복해지는 쪽을 선택하기 바랍니다.

예은 씨,

내가 가장 먼저 이야기하고 싶은 말은 어떠한 불행도 영원히 지속되는 것은 없고 사람의 인연도 만남이 있으면 헤어짐이 있기 마련이라는 사실입니다.

과장님과 원만한 관계가 이루어지도록 노력하되 언젠가는 다른 부서로 헤어질 날이 찾아오리라는 것도 잊지 마세요. 곧 지나갈 일이라고 생각하면 마음이 조금 편안해질 겁니다.

그리고 한 가지를 더 부탁하자면 현재 겪고 있는 갈등을 스트레스로만 생각하지 말고 나의 대인관계 능력을 향상시키는 게임이라고 생각하세요. 상대방의 마음을 열고 진솔한 대화를 이끄는 능력, 상대방의 생각과 감정을 이해해주는 공감력, 나의 입장과 상황을 상대방에게 이해시킬 수 있는 전달력, 서로의 불만과 요구사항에 대해 협상과 절충을 시도하여 원만한 합의점을 도출해내는 협상력, 설득력을 기르는 일종의 리더십 게임이라고 생각해보세요. 따라서 어떻게 하면 과장을 설득하여 내 편으로 만들 수 있는지 고민해보기 바랍니다.

자! 이제부터 예은 씨가 갈등을 해결하기 위한 몇 가지 참고사항을 이야기합니다. 다만, 아쉬운 점은 예은 씨가 보낸 메일만으로는 갈등의 원인이 무엇인지 정확하게 파악하기가 어렵네요.

과장님이 왜 예은 씨를 싸늘한 눈빛으로 바라보는지 힌트가 별로 없어요... ㅠㅠ

제가 알 수 있는 정보가 너무 부족하기 때문에 그냥 갈등을 해결하는 데 필요한 기본적인 개념들을 알려드리는 것이니 예은 씨의 상황에 맞게 잘 응용해서 이해해주길 부탁합니다.

첫째, 갈등의 원인이 무엇인지 생각해보세요. 갈등이라는 것은 상대방의 마음속에 나에 대한 부정적인 감정이 형성되어 그것이 대립과 반목으로 나타나는 현상입니다. 지금 과장님은 예은 씨에게 어떤 감정을 지니고 있을까요?

  1) 불안, 불신감
  2) 분노, 원망, 증오
  3) 시기, 질투
  4) 수치심, 죄책감
  5) 경멸, 혐오감
  6) 배신감, 실망감

둘째, 과장은 왜 예은 씨에게 그런 감정을 지니게 되었을까요? 이간질한 제삼자는 무엇이라고 뒷담화를 했을 것이라고 생각하나요?

  1) 처음에 만났을 때부터 반감을 가지고 있었다.

2) 가치관의 차이가 심해서 그런 것 같다.

3) 일이나 부서 업무를 처리하는 방법에 차이가 많기 때문에 그런 것 같다.

4) 일이나 부서 업무를 할 때 서로의 이해관계가 충돌되는 일이 있었다.

5) 감정이나 자존심에 상처를 받았다.

6) 나에 대해 무언가를 오해하는 것 같다.

7) 제3자는 무엇이라고 이간질을 한 걸까요?

셋째, 원인이 파악되었다면 과장에게 형성된 부정적인 감정을 어떻게 해소할 수 있을까요? 가령 이런 식으로 생각하면 됩니다. 만약 예은 씨가 자신을 상사로서 충분히 존경하지 않는 것처럼 느꼈다면 과장의 마음속에는 수치심, 모욕감이라는 부정적인 감정이 형성됐을 겁니다. 그렇다면 예은 씨가 가장 먼저 해야 할 일은 존경심을 가지고 있다는 것을 표현하여 과장의 자긍심을 충족시켜 줄 수 있는 말과 행동입니다. 반면에 과장이 경멸, 혐오의 감정을 가지고 있다면 무엇 때문에 그런 감정이 형성되었는지 생각해보고 그 부분에 대한 적극적인 해명과 정반대의 모습을 보여줌으로써 부정적인 감정이 해소되도록 노력해야 합니다. 일반적으로 과장과의 관계 개선을 위해서는 다음과 같은 말과 행동이 선행되어야 합니다.

1) 호감 표현 - 칭찬, 지지, 인정, 존경, 축하, 축복, 감사의 말을 보내

주세요.

2) 호의 제공 - 선물, 식사, 일을 도와줌, 생일, 경조사, 기타 과장에게 호의를 제공하세요.

3) 공감 표시 - 상대방의 생각과 입장을 충분히 이해하고 있다는 것을 전달하세요.

넷째, 과장과 단둘이 대화할 수 있는 시간을 만드세요. 과장의 마음속에 어떤 생각이 있는지 알 수 있어야 무엇이 문제인지, 무엇이 해결방법인지 판단할 수 있습니다. 자연스러운 기회가 돌아오지 않으면 개인적인 상담이나 면담을 요청하세요. 둘이서 대화할 자리가 마련된다면 이런 식으로 말해보세요.

"과장님과 친해지고 싶은데 생각대로 되지 않아서 속상해요. 모든 게 제 잘못인 것 같은데 어떻게 하면 좋을지 모르겠어요. 아직 나이가 (실제 나이가 어떻게 되는지 모르겠지만…^^) 어려서 실수나 잘못이 많은데 과장님이 지적해주면 열심히 배우고 고칠게요. 동생처럼 생각해서 많이 지도해주세요. 제가 어떤 점을 바꿔야 할까요?"

과장님과 대화할 때 가장 중요한 것은 자신의 행동에 대해 일절 변명이나 핑계를 대지 않는 일입니다. 변명을 해봐야 상대방은 더욱 나쁜 감정만 가지게 됩니다. 또한 상대방에게도 일정 부분 잘못이나 책임이 있다고 추궁하면 안 됩니다. 모든 일은 오로지 나 때문에 일어난 일이라고 말하는 편이 훨씬 효과적입니다.

다섯째, 충분한 대화를 통해 과장의 생각을 알게 되고 조금이라도 오해가 풀렸다면 앞으로 조심해야 할 사항을 명확히 정리하여 재발되지 않을 것이라는 점을 밝히세요. 실제로 과장의 마음에 형성됐던 부정적인 감정을 해소시켜 줄 수 있는 말과 행동을 지속적으로 반복해야 합니다.

여섯째, 충분한 대화가 이루어지지 않거나 불행하게도 오해가 풀리지 않는다면 할 수 있는 방법은 두 가지 정도입니다.

1) 중재 : 주변에 믿을만한 제삼자가 있으면 중재를 부탁해보세요.
2) 회피 : 과장과의 관계를 더 이상 악화시키지 않는 선에서 피하는 것도 상황에 따라서는 불가피한 선택입니다. 또는 다른 부서로 발령이 날 수 있도록 노력해보는 것도 방법이겠죠.

일곱째, 결론입니다. 지금까지 말한 사항을 다시 한 번 요약합니다.

1) 먼저 과장에 대해 좋은 생각만 하세요. 그 사람의 장점과 강점, 인간적인 면모를 찾아보세요. 그리고 그런 부분들에 대해 호감을 가지세요.
2) 과장에게 적극적으로 호감을 표현하고, 호의를 제공하세요.
3) 적당한 기회에 대화를 요청하세요.

4) 마음속 이야기, 고민사항을 솔직하게 털어놓으세요.(과장과 친하게 지내고 싶은데 안 돼서 속상하다. 어떻게 하면 되는지 알려달라.)

5) 사람은 절대로 쉽게 바뀌지 않습니다.

과장님을 바꾸려 하지 말고 예은 씨가 바뀌어야 갈등이 해소됩니다. 그러니 예은 씨가 먼저 자신의 모습을 바꾸세요…^^

가치관이나 취향, 이해관계에 따른 갈등이라면 양보하세요.

오해에서 비롯되었다면 적극적으로 해명하세요.

감정의 문제라면 칭찬과 존경, 사과를 하세요.

무엇보다도 두 사람이 마음속에 있는 생각을 허심탄회하게 이야기할 수 있어야 갈등의 원인과 해법을 정확하게 알 수 있습니다.

예은 씨,

지금까지 제가 한 말이 얼마나 도움이 되는지는 모르겠습니다. 아마 실천하는 일이 매우 어렵게 느껴질 수도 있을 겁니다. 인간관계가 어려운 만큼 그 해법도 쉽지 않다는 점을 명심해야 합니다.

도움이 될 수 있도록 아래에 맹자의 말을 적습니다. 이 말도 우리 같은 보통사람들이 실천하기에는 너무나 어려운 이야기지만 곰곰이 생각해보면 인간관계의 본질을 일깨워주는 명백한 진리임에 틀림없습니다.

인간관계는 한번에 100점 만점을 받으려고 하면 안 됩니다. 처음에는 50점, 그 다음에는 60점, 70점 이렇게 차근차근 올라가야 합니다.

"사람을 사랑하되 그가 나를 사랑하지 않거든, 나의 사랑에 부족함이 없는가 살펴보라."

  예은 씨,
  다시 한 번 위로를 보냅니다. 토닥토닥~~^^
  여러 가지로 마음이 힘들겠지만 모든 일은 반드시 끝이 있기 마련
이고 시간은 곧 흘러갑니다.
  모든 상황을 긍정적으로 생각하고 밝게 대처하기 바랍니다.
  동전의 양면이라 생각하고 좋은 쪽만 생각하세요!

  과장님과 좋은 관계가 회복되기를 기원하며 혹시라도 계속해서 마
음이 괴롭고 누군가와 상의하고 싶을 때는 언제든지 편안하게 메일이
나 전화를 하시기 바랍니다. 아니면 강남역 인근에 있는 제 사무실로
찾아오셔도 환영입니다.

  예은 씨에게 행운의 여신이 찾아오기를 기원하며
  마음의 평화와 휴식을 축원합니다.
  그럼 이만~! ^^

  푸른고래 양광모

  작성한 글을 다시 한 번 읽어보며 몇 군데 내용을 수정한 뒤 메일을
전송하였다. 언제나 그렇듯이 신의 가호를 빌며. 사실 갈등은 인간의 문

제라기보다는 신의 영역이다. 판도라의 상자가 인간을 향한 신의 저주였다면, 그 속에는 분명히 갈등이 존재했을 것이다. 갈등은 출구가 없는 막다른 벽이다. 만약 신이 출구를 마련해주지 않는다면 우리는 갈등에서 벗어날 수 없다. 다만 출구가 있을 것이라고 믿으며 노력할 뿐이다. 그러나 갈등의 진정한 문제는 정답이 없는 문제라는 사실이다. 아니, 정답이 없다기보다는 정답이 너무나 많은 문제라고 표현해야 맞을 것이다.

세상에는 수없이 많은 갈등이 존재한다. 사람과 상황에 따라서 수많은 갈등이 각기 다른 모습으로 나타난다. 내가 겪었던 갈등을 해결한 비법은 누군가의 갈등을 해결하는 데는 전혀 쓸모없는 무용지물이 된다. 게다가 가장 곤란한 점은 갈등이 심화될수록 갈등 그 자체가 커다란 문제점으로 변한다는 사실이다. 시간이 흘러갈수록 최초에 갈등을 초래했던 원인은 사소하고 지엽적인 요소로 변해버린다. 그리고 갈등을 빚고 있는 상황 자체가 갈등의 원인이 되며 모든 것은 카오스적인 혼란에 빠져버린다.

이런저런 조치와 방편을 시도해보아도 도저히 암흑 속을 빠져나갈 수 없게 된다. 다른 사람들로부터 지혜와 비법을 찾아보지만 어느새 갈등은 암처럼 뿌리를 내려버린다. 그러는 사이 사람들은 갈등이라는 총성 없는 전쟁터에서 마음에 총상을 입고 고통과 불행 속에 신음을 한다. 과연 갈등의 만병통치약은 무엇인가? 우리는 어떻게 하면 갈등과 작별을 고할 수 있을 것인가?

감정을 조절하라

갈등을 해결함에 가장 중요한 것은 감정을 조절하는 것이다. 처음에는 사소했던 일도 감정이 개입되면 해결이 어렵게 된다. 일과 감정이 얽혀 복잡해지지 않도록 슬기롭게 감정을 조절해야 한다. 그리고 상대방의 생각과 감정을 진심으로 이해하는 것, 내가 상대방의 입장을 이해하고 있다는 사실이 커뮤니케이션을 통해 정확하게 전달되는 것이 중요하다. 사람은 이성적이라기보다는 감정에 의해 움직이는 동물이며 모든 행위의 동기에는 욕망의 추구와 고통의 회피라는 요소가 잠재되어 있다. 따라서 갈등의 해결에서도 감성적 요인을 중시하여야 한다.

첫째, 다른 사람의 잘못이나 실수는 당연한 것으로 받아들인다. 세상 사람은 모두 다르며 지구상의 단 한 사람도 똑같은 사람은 없다. 사람은 신이 아니라는 사실을 명심하고 타인의 잘못과 실수, 차이점에 대해 당연하고 있을 수 있는 일로 생각한다.

둘째, 나에 대한 비난이나 비평에는 "아니 땐 굴뚝에 연기 나랴."라고 생각한다. 그 사람이 잘못 보았을지도 모르지만 이미 그 사람에게는 그렇게 보이는 것이다. 옳고 그르다고 시시비비를 가리지 말고 왜 그렇게 보였을까 생각하라. 그렇게 보이게 된 원인의 제공자도 내 자신임을 생각한다.

셋째, 입장을 바꿔서 생각하라. 먼저 나의 입장이 무엇인지 생각하라. 그 다음으로 상대방의 입장에서 생각하라. 마지막으로 제삼자의 입장에서 생각하라. 각각의 입장에서 생각하는 갈등의 원인, 차이가 무엇인지, 서로가 바라는 궁극적인 목표가 무엇인지. 각자가 처한 상황은 어떠한지 생각하고 그 입장을 이해하라.

넷째, NLP(신경언어프로그래밍)에 의하면 우리의 감정은 훈련에 의해 얼마든지 조절할 수 있다. 앵커링 기법을 활용하면 파블로프의 조건반사 실험처럼 일정한 자극이나 동작에 특정한 감정을 불러일으킬 수 있다.

다섯째, 참으라. 토마스 제퍼슨은 "화가 치밀어 오르거든 마음속으로 열을 세십시오. 열까지 세어도 화가 가라앉지 않으면 백까지 세십시오."라고 말했다. 백까지 세어도 안 되면 천까지 세라. 참는 자가 이긴다는 말은 절대로 옳은 말이다.

링컨은 어떤 사람과 갈등이 생기면 "그 사람은 영 맘에 들지 않아. 그에 대해 더 많이 알아야겠어."라고 말했다고 전해진다. 상대방의 생각과 감정에 대해 더 많이 알려고 노력하는 것, 그리고 상대방의 입장에 대해 공감을 표현해주는 것이 갈등 해결의 중요한 비결이다. 이를 위해서는 내 마음속에 부정적인 정서가 형성되지 않도록 감정을 잘 조절해야 한다. 감정의 노예가 되지 않도록 자신의 감정을 잘 관리해보자.

대안사고를 하라

누군가에게 적대, 지배, 폐쇄적인 말과 행동을 받을 때 우리는 분노, 불안, 수치심, 혐오감 등의 부정적인 감정을 경험하게 된다. 이러한 부정적 감정이 쌓이면 대인관계에 갈등이 유발된다. 따라서 갈등 관리에서는 부정적 감정을 슬기롭게 해소하는 것이 중요하다.

부정적 감정을 해소하는 방법은 다양한데 크게 두 가지로 분류하면 회피하는 방법과 직접 대응하는 방법으로 나뉘진다. 회피하는 방법은 부정적 감정에서 벗어나기 위해 다른 활동에 관심을 돌려 기분을 전환시키는 방법이다. 영화를 보거나 음악을 듣는 것, 음식을 먹거나 술을 마시는 것, 쇼핑이나 여행처럼 다른 일에 몰두하며 부정적인 정서를 잊어버리는 것이다.

직접 대응하는 방법은 부정적인 감정이 발생된 원인과 해결방안에 관련된 행동을 취하는 것이다. 부정적 감정을 유발한 사람에게 직접 표현하기, 편지나 메일쓰기, 제삼자에게 조언 구하기, 뒷담화 등의 방법이 있으며, 이와 더불어 인지적 재구성법이 있다.

사람의 감정은 지각-사고-감정의 단계로 형성되기 때문에 부정적인 감정을 유발한 사건이나 원인에 대해 사고를 전환하면 부정적 감정이 해소될 수 있다. 이처럼 새로운 사고로 전환하는 것을 대안사고법이라고 부르는데, 크게 다섯 가지 측면에서 생각을 바꿔볼 수 있다.

예) 내가 일하는 부서의 팀장이 나에 대해 "매우 개인적인 사람이다."라는 말을 했다고 김 대리가 전해준다. 부장이 나를 무시하고 좋지 못한 감정을 지니고 있는 것 같아 매우 기분이 좋지 않고 화가 난다.

⑴ 사실성: 그러한 사실이 실제로 존재하는 것인가? 혹시 김 대리가

잘못 들은 것이거나 아니면 이간질은 아닐까?

(2) 진의성: 부장이 그런 말을 한 진정한 의도는 무엇일까? 나에게 기대감이 많아서 그런 표현을 했거나 간접적으로 충고한 것은 아닐까?

(3) 논리성: 부장이 나에게 개인적이라는 말을 했다고 해서 나를 무시한다거나 악감정을 품고 있다고 생각하는 것이 과연 논리적인 일인가? 아무 생각 없이 무심결에 한 말은 아닐까?

(4) 당위성: 부장도 사람인데 그런 말을 해서는 안 된다는 법이라도 있는가? 모든 상사가 부하 직원에게 흔히 할 수 있는 말 아닐까?

(5) 유용성: 설사 부장이 그런 말을 했다고 해서 내가 기분 나빠해봐야 무슨 소용인가? 불쾌한 감정에 사로잡혀 있어봐야 나만 손해니까 빨리 잊어버리자.

갈등은 공격적인 말과 행동을 통해 시작된다. 상대방으로부터 비난받거나, 책임을 추궁당하거나, 행동을 통제받거나, 인격적 가치를 무시하는 표현을 들으면 부정적인 감정이 형성되고 이러한 부정적인 감정을 올바른 방법으로 해소하지 못하면 다시 공격적인 말과 행동으로 상대방을 대하고 결과적으로 갈등이 심화되는 것이다. 따라서 부정적인 감정이 형성되면 일단 다른 일에 몰두하면서 기분전환을 시도하거나, 대안 사고를 통해 생각을 전환하며 부정적인 감정을 해소시켜야 한다.

긍정적 피드백을 제공하라

갈등(葛藤)은 밖으로 표출되기 전까지는 인지되기 어려우며 상호 간의 공격적인 말이나 행동을 통해 알려지게 된다. 갈등이란 암과 같다. 초기에 발견하면 쉽게 치료할 수 있지만 발병된 후 시간이 많이 경과하면 완치하는데 오랜 시간과 노력이 필요해진다. 게다가 너무 늦게 발견하거나 대처가 적절하지 못하면 생명을 잃는 경우도 많다.

갈등은 보통 다음과 같은 단계를 거쳐 증폭된다. 초기 단계에는 작은 실금이 하나 생겨난다. 그 금이 조금씩 벌어져서 틈이 생겨나고, 틈이 점점 벌어지면 골이 패이고, 골이 더욱 깊어지면 심연보다 넓은 계곡이 만들어진다. 계곡이 한번 생겨나면 간척사업보다도 더 많은 시간과 정성이 투여되어야만 갈등을 없앨 수 있다. 따라서 가장 중요한 것은 초기 단계에 갈등을 해소하는 일이다.

부부싸움은 '칼로 물 베기'라는 말이 있지만 이는 매우 잘못된 말이다. 부부싸움은 '칼로 살 베기'라고 생각해야 한다. 예리한 칼로 서로의 가슴에 상처와 고통을 주는 일이 부부싸움이다. 부부싸움을 대수롭지 않게 생각하면 갈등의 틈이 점점 넓어져 간다는 사실을 명심하고 왜 갈등을 빚고 있는지에 원인과 해결 방법을 찾기 위해 적극적인 노력을 기울여야 한다.

어제 오후, 세 사람에게 문자를 보내었다. 한 명은 강의를 통해 알게 된 사람(A)이다. "내 책을 한 권 발송했으니 재밌게 읽어 달라."라는 내용으로 문자를 보냈다. 또 다른 한 명은 교육담당자(B)였다. "원천징수에 필요한 서류를 발송했는데 잘 받았는지 궁금하다."라는 내용으로 문자를 발송했다. 마지막 한 명은 내가 가입한 사교모임의 총무(C)였다. "한 달 전부터 강의가 잡혀 있어 정기모임에 참석치 못하니 미안하고 이해 바란다."라는 내용이었다. 문자를 보내며 나는 어떤 반응을 기대하였을까? 아마도 이런 긍정적인 피드백을 기대했을 것이다.

A : 귀한 책 보내주셔서 감사합니다. 소중하게 잘 읽고 다시 연락드리겠습니다.
B : 서류 잘 받았습니다. 깜빡 잊고 연락을 못 드렸네요. 감사합니다.
C : 괜찮습니다. 바쁘신 거 알고 있으니 너무 걱정하지 마세요. 다음번 모임에 꼭 봬요.

실제로 내가 받은 피드백은 어떠했을까? 긍정적인 피드백과 부정적인 피드백이 섞여 있었다. 교육담당자는 아무런 답신도 없었고 다른 두 명은 다음과 같은 내용의 답신 문자를 보내왔다.

A : 소장님, 정말 영광입니다. 잘 읽고 주변에 많이 추천하겠습니다.
C : 섭섭합니다. 아무리 바빠도 오실 줄 알았는데 유감스럽네요. 저도 무척 바쁘답니다.

이런 피드백을 받고 나는 어떤 마음이 들었을까? A에게는 친밀감이,

B와 C에게는 불쾌감이 형성되었다. 내가 기대하는 대로 긍정적인 피드백을 보내 온 사람에게는 만족감이 들었지만 부정적인 피드백을 보내 온 사람에게는 실망감이 형성된 것이다. 갈등은 원인을 제공하는 사람에 따라 구분해보면 다음과 같다.

1) 상대방이 갈등의 원인을 제공

내가 아니라 상대방이 갈등의 원인을 만드는 상황이다. 이때 내가 어떻게 대응하느냐에 따라 갈등이 약화, 또는 해소되기도 하고 갈등이 심화, 증폭되기도 한다.

+ 반응) 긍정적으로 대응 : 갈등의 약화 또는 해소
- 반응) 부정적으로 대응 : 갈등의 심화 또는 증폭

2) 내가 갈등의 원인을 제공

상대방이 아니라 내가 갈등의 원인을 만드는 상황이다. 이때 상대방이 어떻게 대응하느냐에 따라 역시 갈등이 약화 또는 해소되거나 반대로 갈등이 심화, 증폭된다.

+ 반응) 긍정적으로 대응 : 갈등의 약화 또는 해소
- 반응) 부정적으로 대응 : 갈등의 심화 또는 증폭

이렇게 네 가지 국면을 도표로 나타내면 다음과 같다.

+ : 갈등을 유발하지 않는 긍정적 말과 행동

- : 갈등을 유발하는 부정적 말과 행동

나 타인		나의 말과 행동	
		긍정 (+)	부정 (-)
상대방의 말과 행동	긍정 (+)	긍정 (+) 긍정 (+)	긍정 (+) 부정 (-)
	부정 (-)	부정 (-) 긍정 (+)	부정 (-) 부정 (-)

1사분면 : 상대방이 긍정적으로 행동하고 나도 긍정적으로 행동하는 상황이다. 상호 간에 갈등이 발생하지 않는 상황이다.

2사분면 : 상대방은 긍정적으로 행동하지만 나는 부정적으로 행동하여 갈등이 발생하는 상황이다. 갈등의 원인이 나에게 있기 때문에 내가 갈등을 유발하는 요소가 무엇인지 찾아 개선해야 갈등이 해결된다.

3사분면 : 상대방은 부정적으로 행동하지만 나는 긍정적으로 행동하는 상황이다. 갈등이 내재화되거나 시간의 경과에 따라 갈등이 약화, 해소될 가능성이 높다. 상대방이 갈등을 유발하는 이유가 무엇인지 찾아 개선해야 한다.

4사분면 : 상대방이 부정적으로 행동하고 나도 부정적으로 행동하는 상황이다. 가장 최악의 경우이며 시간의 경과에 따라 갈등이 더욱 심화, 증폭된다. 상대방의 부정적 행동에 대해 똑같이 부정적인 반응을 나타내지 않도록 조심해야 한다.

  갈등의 발생은 이렇게 네 가지 상황으로 구분되는데 상대방의 말과 행동에 내가 어떤 피드백을 나타내느냐에 따라 결과가 완전히 달라진다. 긍정적인 말과 행동으로 반응하면 친밀한 관계가 형성되지만 부정적인 행동으로 반응하면 갈등이 유발된다.

  갈등은 메아리 또는 박수소리와 같다는 점을 명심해야 한다. 내가 어떻게 행동하고 반응하느냐에 상대방의 행동과 반응이 달라지고 그런 상호작용 속에 갈등이 심화되거나 약화되는 것이다.

  직장에서 상사가 권위적이고 무시하는 행동을 보인다고 해서 나 역시 상사의 지시나 말을 무시하거나 거부하는 듯한 말과 행동을 나타내면 갈등은 증폭되기 마련이다. 갈등을 예방 또는 해결하려면 항상 긍정적인 말과 행동으로 반응해야 한다. 상대방이 적대적, 지배적, 폐쇄적인 성향으로 행동할 때 나는 우호적, 협력적, 개방적인 말과 행동으로 반응해야 갈등이 예방될 수 있다. 긍정적인 반응은 주로 좋아하기(Love), 열기(Open), 보조 맞추기(Pacing), 주기(Give)와 관련된 행동이며, 부정적인 반응은 싫어하기(Hate), 닫기(Close), 끌고 가기(Dragging), 받기(Take)에 관련된 행동들이다.

긍정적 반응

  호의적인 시선, 스킨십, 호감 표현, 관심, 경청, 이해, 공감, 수용, 양보, 인정, 지지, 칭찬, 사과, 용서, 배려, 존중, 감사, 차분한 목소리, 안정된 제

스처, 선물, 도움의 제공 등

부정적 반응

적대적인 시선, 무시, 회피, 거부, 반발, 비난, 비판, 질책, 추궁, 강요, 독
주, 분노, 위협, 통제, 억압, 흥분한 목소리, 격렬한 제스처, 공격적 행동,
무리한 부탁, 이기적 행동

긍정적 스트로크를 제공하라

미국의 에릭 번에 의해 창안된 교류분석이론에 의하면 사람은 '자극
욕구'를 지니고 있기 때문에 태어나서 죽을 때까지 타인으로부터의 자
극을 추구한다. 이런 욕구를 충족시키기 위해 대인관계에서 피부 접촉,
표정, 태도, 언어, 행동 등을 통해 상대방의 존재를 인정하고 존중하는
생물학적 자극을 스트로크(Stroke)라고 부른다.

예를 들어 관심, 무시, 애무, 미소, 찌푸림, 칭찬, 비난, 악수, 포옹과 같
은 언어적, 신체적 자극을 말한다. 스트로크에는 미소, 칭찬 같은 긍정
적 스트로크와 무시, 비난 같은 부정적 스트로크가 있다. 누군가와 친
밀한 관계를 형성하려면 부정적 스트로크는 자제하고 최대한 긍정적
스트로크를 많이 주어야 한다. 인간관계에서 사람들이 가장 많이 원하
는 긍정적 스트로크에는 다음과 같은 네 가지 유형이 있다.

1) 관심

뉴욕 전화국이 전화통화에서 어떤 단어가 가장 많이 쓰이는지를 조사한 적이 있다. 그 결과 '나'라는 단어가 500통의 전화에서 무려 3,900번이나 사용된 것으로 밝혀졌다. 사람은 자기 자신에게 가장 큰 관심을 갖고 있으며 다른 사람으로부터 관심받기를 기대한다. 어린 아기는 부모의 관심을, 학생은 선생님의 관심을, 부하 직원은 상사의 관심을, 아내는 남편의 관심을 기대한다. 영업사원은 고객의 관심을 기대하며 나는 이 책에 대한 독자들의 뜨거운 관심을 기대한다.

좋은 관계를 만들려면 관심이라는 긍정적 스트로크를 가장 먼저 제공해야 한다. 관심은 대부분 질문을 통해 전달된다. 상대방이 인정받고 싶은 일, 다른 사람으로부터 위로나 격려를 받고 싶은 일, 누군가의 도움을 필요로 하는 일에 대해 질문을 건네라. 아울러 상대방의 개인적인 사항에 대해서도 관심어린 질문을 건네라. 버나드 쇼는 "인간에 대한 가장 나쁜 죄는 미워하는 것이 아니라 무관심이다."라고 말하였다. 항상 다른 사람에게 따뜻한 관심을 기울이도록 노력하자.

2) 공감

사람들은 모두 다른 사람으로부터 공감을 기대한다. 비즈니스 관계로 술자리가 잦은 남편은 아내가 자신의 마음을 헤아려주길 기대하고, 파격적인 마케팅 계획을 제안한 부하 직원은 상사가 자신의 생각을 이해해주길 기대한다. 여자 친구와 헤어져 실연의 슬픔에 잠긴 사람은 주변 사람들이 자신의 감정을 공감해주길 기대하고, 나는 이 책에 쓰인 내용에 대한 여러분의 공감을 기대한다. 다른 사람과 좋은 관계를 만들려면 상대방의 생각과 감정, 상대방의 입장과 상황을 잘 헤아려 공감의 스트로크를 전달하라.

3) 배려

사람들은 모두 다른 사람으로부터 배려를 기대한다. 배려에는 따뜻한 말, 호의 제공, 도움과 협력의 세 가지 유형이 있다. 대학교 입학시험에 합격한 수험생은 주변 사람들에게 축하의 말을 기대하고, 생일을 맞은 아내는 남편에게 선물을 기대한다. 회사에 갓 입사한 신입사원은 선배 사원들의 도움을 기대하고, 나는 이 책을 읽는 여러분의 축하와 감동적인 후기, 그리고 많은 사람들에게 이 책을 추천해주는 행동을 기대한다. 좋은 관계를 만들려면 상대방에게 따뜻한 말, 호의 제공, 도움과 협력의 긍정적 스트로크를 많이 제공하라.

4) 존중

사람들은 모두 다른 사람으로부터 존중을 받고 싶어 한다. 고등학생 자녀는 부모에게 성인으로서 대우받기를 기대하고, 부하 직원은 상사에게 인격적인 대우를 기대하고, 영업사원은 고객에게 인간적인 존중을 기대한다. 식당의 종업원이나 청소부도 마찬가지다. 이 세상의 모든 사람은 어느 누구도 무시당하는 것을 원하지 않으며 타인으로부터 존중받기를 기대한다. 나도 이 책을 읽는 독자들에게 무시되지 않고 존중받기를 기대한다.

몇 년 전 화이트데이 때의 일이다. 휴대폰에 등록된 여성 100여 명에게 문자메시지를 발송하였다. 이렇게 한꺼번에 문자를 보낼 경우는 보통 단체메시지를 이용하는데 이때는 특별히 정성을 들여 한 사람 한 사람에게 개별적으로 문자를 발송하였다. 물론 기본적인 문안은 동일하고 상대방에 따라 조금씩 수정하였는데, 다음과 같은 내용으로 기억한다.

"○○○님, 잘 지내시죠? 오늘이 화이트데이이네요. 직접 만나지 못하는 아쉬운 마음에 문자로나마 사탕 보냅니다. 주변 사람들에게 달콤한 사탕&사랑 많이 받으시고 아주 행복한 하루되세요."

여성 100여 명에게 이런 내용으로 문자를 보냈는데 과연 몇 명으로부터 답신이 왔을까? 참고로 그 전의 경험을 이야기해보면 평균 100명에게 단체문자를 보냈을 때 답신이 오는 비율은 10명에서 20명 정도에 불과했다. 그런데 이때 내가 받은 답신 문자는 놀랍게도 무려 93건이나 되었다. 즉, 93%나 되는 사람들이 답신을 보내온 것이다. 이 경험을 통해 내가 절실하게 깨달은 것은 문자나 전화는 역시 마음을 주고받아야 한다는 사실이었다. 상대방에 대한 관심과 공감, 배려와 존중이 담겨져 있지 않은 형식적인 문자는 절대로 상대방의 마음을 움직일 수 없으며 인간관계의 발전에 아무런 도움을 주지 못한다는 사실이었다.

대부분의 여성은 화이트데이에 사탕이나 꽃, 또는 다른 사람들의 관심과 애정을 기대한다. 내가 보낸 문자는 그러한 여성들의 마음에 인정과 존중의 긍정적 스트로크가 되었던 것이다.

교류분석이론에 의하면 스트로크의 영향은 질과 양, 타이밍에 따라 달라진다. 사회에서 많이 하는 자기소개를 예로 들어 설명하면 다음과 같다.

정중하게 고개를 숙여 인사를 할 때 큰 박수가 나오면 질이 좋은 스트로크지만 맥없이 작은 박수는 스트로크의 질이 나쁜 것이다. 열정적으로 자기소개를 하는데 눈 맞춤, 고갯짓, 감탄사, 웃음, 질문 등이 많으면 스트로크의 양이 많은 것이지만 반응이 거의 나타나지 않으면 스트로크의 양이 적은 것이다. 질의응답까지 마치고 마무리 인사를 하는데 누군가 질문을 시작하면 스트로크의 타이밍이 적절하지 못한 것이다.

이처럼 스트로크는 질과 양, 타이밍에 따라 영향이 달라지기 때문에 효과적인 스트로크를 위해서는 내가 어떤 유형으로 사람들에게 스트로크를 주고 있는가를 점검해야 한다. 그리고 내가 하는 말과 행동, 문자, 이메일, 전화, 만남 등의 스트로크가 적절한 질과 양, 타이밍을 유지하도록 노력해야 한다.

조금 전 화이트데이 때 답신 문자가 많았던 이유도 바로 스트로크의 질, 양, 타이밍이 적절했기 때문이라고 이해할 수 있을 것이다. 만약 화이트데이가 아니었거나, 또는 개별적으로 보낸 문자가 아닌 단체문자였다면 아마도 답신 비율은 매우 낮아졌을 것이다. 지금 가족과 친구, 직장 사람들에게 좋은 질, 많은 양, 적절한 타이밍으로 강력한 스트로크를 제공하라. 틀림없이 친밀한 관계가 형성되고 갈등이 줄어들 것이다.

　　사람들은 모두 타인으로부터의 관심, 공감, 배려, 존중을 기대한다. 나는 얼마나 다른 사람들을 관심, 공감, 배려, 존중하고 있는지 알아보자. 아래 항목을 읽고 자신에게 해당하는 점수를 1~10점 사이에서 적은 후 각각의 점수를 모두 합산하라.

1. 나는 다른 사람들과 개인적인 대화를 많이 나누는 편이다.　　　　(　)

2. 나는 다른 사람들의 업무, 직장생활에 대해 관심을 많이

　 가져준다.　　　　　　　　　　　　　　　　　　　　　　　　(　)

3. 나는 다른 사람들의 가족, 취미, 목표 등 개인적인 면에

　 관심을 많이 가져준다.　　　　　　　　　　　　　　　　　　(　)

4. 나는 다른 사람들의 의견을 상대방의 관점에서 잘 이해해준다.　(　)

5. 나는 다른 사람들이 느끼고 있는 감정을 잘 공감해준다.　　　　(　)

6. 나는 다른 사람들이 처해있는 입장을 잘 헤아려준다.　　　　　(　)

7. 나는 다른 사람들에게 칭찬, 감사, 격려 등 따뜻한 말을 자주

　 건네준다.　　　　　　　　　　　　　　　　　　　　　　　　(　)

8. 나는 다른 사람들에게 선물, 음식 대접 등 호의를 자주

　 베풀어준다.　　　　　　　　　　　　　　　　　　　　　　　(　)

9. 나는 다른 사람들의 일, 사업을 자주 도와준다.　　　　　　　　(　)

10. 나는 다른 사람들의 애경사를 잘 챙겨준다.　　　　　　　　　(　)

11. 나는 다른 사람들에게 감동을 주는 일이 많다.　　　　　　　　(　)

해 설)

• 81점 이상

대부분의 사람들과 친밀한 관계를 형성할 수 있다. 이 점수에 해당하는 사람은 10번 항목에 조금 더 노력을 기울이면 된다. 다른 사람에게 배려를 할 때는 상대방에게 감동을 줄 수 있는 수준으로 베푸는 것이 중요하다.

• 51~80점

일부의 사람들과 친밀한 관계를 형성할 수 있다. 이 점수에 해당하는 사람은 6~9번 항목에 노력을 기울여야 한다. 다른 사람들에게 따뜻한 말을 해주고 선물, 음식 대접, 애경사 참석 및 상대방이 필요로 하는 실제적인 도움을 제공해야 한다.

• 50점 이하

다른 사람과 좋은 관계를 형성하기 어렵다. 이 점수에 해당하는 사람은 가장 먼저 타인에게 관심을 갖는 습관을 들여야 한다. 다른 사람의 일, 취미, 목표, 가족, 건강 등 개인적인 면에 관심을 갖고 대화를 나누는 습관을 가져야 한다.

공감하고 소통하라

최근 우리 사회에서 가장 이슈가 되고 있는 단어를 꼽으라면 단연 '소통'일 것이다. 대통령의 '국민과의 소통'에서부터 기업경영자의 '소통 리더십', 일반 가정에서 '자녀와의 친밀한 소통'에 이르기까지 사회 모든 분야에 '소통'이라는 말이 가장 중요한 단어가 되어 버린 느낌이다. 도대체 왜 이렇게 소통이 중요하고 어려워진 것일까?

현대사회에서는 다양한 가치, 행동방식을 지닌 사람들과의 교류가 필연적이며 인간관계의 영역이 광범위하게 확대되고 있다. 따라서 개인이 수행해야 할 책임과 역할은 점점 늘어나지만 반면에 개개인과의 소통에 필요한 시간과 노력의 양은 상대적으로 줄어들 수밖에 없게 된다.

예를 들면 가정에서 자녀와의 소통은 매우 중요한 일이지만 직장과 사회생활에 바쁜 아버지가 자녀와 하루에 10분 이상 대화를 나누는 가정은 30%에 미치지 못하며 나머지 70% 이상의 가정은 하루에 10분 미만의 형식적인 대화만 나누는 것으로 알려져 있다. 그 결과 고민이 생겼을 때 아버지와 상의할 것이라는 자녀의 비율은 4%에 불과하다.

영국의 문화인류학자 로빈 던바는 진정한 의미에서 사회적 관계를 맺을 수 있는 사람은 150명 정도라고 말했는데 가족, 친구, 연인, 직장, 거래처, 고객, 사회인맥 등을 비롯해 수많은 사람들과 인간관계를 맺게 되는 현대인은 근본적으로 소통에 어려움을 안고 살아갈 수밖에 없게 된다.

이 외에도 소통에 장애가 발생하는 데는 여러 가지 이유가 존재한다. 크게 분류하면 세 가지인데 첫째, 마인드에 관련된 것으로 고정관념, 편견, 이기주의, 폐쇄적인 문화, 소극적인 자세 등이다. 회사 내에서 소통이 원활하지 못한 대표적인 이유가 부서 이기주의 때문인 것으로 알려져 있듯이 소통을 위해서는 개인이나 조직이 개방적인 마음, 문화를 갖는 것이 중요하다.

둘째, 소통 채널에 관련된 것으로 소통하고자 하는 사람과 상황에 맞는 다양한 경로를 마련하는 것이 중요하다. 직장에서 임원과 사원들 간의 직접적인 소통 채널이 없으면 원활한 소통이 불가능해진다.

셋째, 대화법에 관련된 것으로 적절한 의사소통 능력을 갖추지 못하면 의사소통에 오해나 변형, 누락 등이 발생하게 된다. 따라서 올바른 설명, 지시, 보고, 질문, 경청법 등에 대해서도 학습할 필요가 있다.

이렇게 세 가지 유형의 장애요인에 대해 적극적으로 개선하려는 노력이 뒤따라야 소통이 가능해진다. 가정, 직장, 사회에서 소통을 잘하려면 다음과 같이 실천해보자.

1) 눈치 빠른 남편(아내)이 되라

부부간에 소통이 어려운 이유는 남자와 여자의 성향, 대화법이 다르기 때문이다. 여자들은 구체적인 내용으로 대화하고 싶어 하지만 남자들은 간략한 내용으로 이야기하는 것을 좋아한다. 여자들이 고민, 불평을 이야기할 때는 해답을 찾기 위해서라기보다는 위로, 공감, 지지받고 싶어 하기 때문이지만 남자들은 해결책을 마련해주기 위해 애를 쓴다.

부부간에 소통이 잘 되려면 남자와 여자의 서로 다른 차이점을 이해하고 대화 중에 항상 상대방의 생각과 감정을 헤아리는 연습을 해야 한다. 직장에서 상사 눈치만 보지 말고 가정에서도 배우자의 생각, 감정을 잘 헤아리려 노력하라. 눈치가 없으면 부부간 소통에 장애가 생기고 갈등이 발생한다.

2) 자녀들의 눈높이로 소통하라

자녀들과의 소통이 어려운 이유는 근본적으로 세대 차이가 존재하기 때문이다. 대부분의 가정에서 부모들은 자녀들의 복장, 헤어스타일, 휴대폰 사용, 친구 교제 등 여러 가지 문제에 대해 의견 충돌을 나타낸다. 그러나 이런 것들은 지극히 당연하고 정상적인 것이며 오히려 문제가 되는 것은 충분한 대화의 시간, 대화 채널을 갖지 못한다는 점이다. 자녀와의 친밀감 있는 소통을 위해서는 대화 시간을 구체적으로 계획성 있게 늘리는 것과 문자, 이메일, 메신저, 미니 홈피, 전화 등 다양한 채널을 통해 소통하려는 노력이 중요하다.

아침, 저녁을 함께 먹으면서 또는 저녁에 퇴근하여 반드시 10분 이상 대화를 나누거나 주말에 운동, 외식, 여행을 함께하면서 가족끼리 대화를 나눌 수 있도록 계획을 세워야 한다. 그리고 평상시에 문자메시지, 이메일, 메신저를 통해 대화를 주고받는 것이 나이 어린 자녀들과 자연스럽게 소통할 수 있는 최고의 도구이자 방법이다. 필자의 경우에는 매일 아침 아이들에게 명언을 문자로 보내주고 있으며 중학교에 재학 중인 아들과는 트위터를 통해 대화를 나누고 있다. 자녀들과 소통하려면 아이들의 눈높이에 맞춰 소통하는 것이 중요하다.

3) 직장에서는 개방적인 선후배, 동료가 되라

취업포털 커리어가 직장인 660명에게 자신의 팀장의 문제점에 대해서 질문한 결과 '원활하지 못한 커뮤니케이션'(29.4%)을 1순위로 지적했다. 또 다른 조사 결과에 의하면 직장인들은 이직, 퇴사 등 여러 가지 고민이 발생했을 때 상사, 동료와 해결하기보다는 '혼자 해결한다'는 대답이 34.7%로 가장 높게 나타나는데, 직장생활에서 '소통의 부재'가 빚어낸 현실이라고 생각할 수 있다.

직장에서 소통이 어려운 가장 큰 이유는 개방적이지 못한 성격 또는 문화 때문이다. 서로가 마음속에 있는 생각을 숨김없이 드러낼 수 있어야 소통이 원활하게 이뤄진다. 이를 위해서는 개방적인 태도를 지녀야 한다. 권위적인 태도, 고정관념이나 편견, 고집을 버리고 다른 사람들의 생각과 의견을 있는 그대로 존중하며 받아들일 줄 아는 수용적인 자세가 있어야 소통이 원활해진다.

직장에서 가장 많이 듣게 되는 '시키는 대로 해'와 같은 말은 소통을 불가능하게 만들어버린다. 아울러 개방적인 분위기는 주변 환경에도 영향을 많이 받기 때문에 때로는 직장이 아닌 외부 장소를 이용하여 대화를 나누는 것도 소통에 도움을 준다. 직장에서 소통이 잘 이뤄지려면 경영진에서 개방적인 문화가 조성되도록 관심과 노력을 기울여야 한다.

이 글에서 말하고 있는 소통(疏通)과 동음이의어에 소통(疏筒)이 있다. 소통(疏筒)은 불교에서 사용되는 법회의식 용구의 하나로 불교신도들이 소원하는 글을 적어넣어 두는 통을 말한다. 어떻게 보면 소통을 잘하는 길은 간절하게 소원하는 것이다. 사전적 의미로 소통은 "뜻이 통하여 서로 오해가 없음"을 의미한다. 즉, 소통은 서로의 생각이 일치하는 것이 아니라 상호 간의 생각과 관점을 올바르게 이해하고 있는 상태를 의미하는 것이다. 따라서 올바른 소통을 위해서는 내가 먼저 상대방의 생각과 감정, 입장을 정확하게 이해하려는 노력이 중요하다. 그리고 이런 노력은 상대방과 소통하고 싶다는 간절한 소망이 전제되어야 실천이 가능한 일일 것이다.

피터 드러커는 "의사소통에서 제일 중요한 것은 상대방이 말하지 않은 소리를 듣는 것이다."라고 말했다. 진정한 소통을 위해서는 상대방이 말하지 않는 내면의 목소리를 들으려 노력해야 한다. 소통의 비결은 소통하고 싶다는 간절함을 갖는 것, 그리고 이해받으려 하기보다는 내가 먼저 상대방을 이해하는 것이 첫걸음이다. 지금 아내(남편), 자녀, 직장 선후배 동료들을 올바르게 이해하려 노력하라. 그것이 소통이며 인간관계에서 갈등을 없애는 길이다.

원활한 소통을 위한 비결

인간관계와 사회생활에서 가장 중요한 것이 소통이다. 세상에서 가장 좋은 사람은 나의 마음을 잘 알아주고, 나와 잘 통하는 사람이다. 우리는 누구나 말이 잘 통하는 사람, 필이 통하는 사람, 코드가 통하는 사람과 함께 있고 싶어 한다.

직장에서도 마찬가지다. 소통이 잘되면 원만한 인간관계와 원활한 업무 추진이 이뤄지지만 소통이 안 되면 갈등과 불화가 자주 발생한다. 취업포털 커리어가 직장인 660명에게 '최고의 팀장'에 대해 설문한 결과 '원활한 의사소통을 이끌어 내는 커뮤니케이션형 팀장'(37.1%)이 1순위로 꼽혔다. 반면에 현재 자신의 팀장의 문제점에 대해서도 '원활하지 못한 커뮤니케이션'(29.4%)을 1순위로 지적했다.

또 다른 조사 결과에 의하면 직장인들은 이직, 퇴사 등 여러 가지 고민이 발생했을 때 상사, 동료와 해결하기보다는 '혼자 해결한다'는 대답이 34.7%로 가장 높게 나타나는데, 이 역시 직장생활에서 '소통의 부재'라는 현실이 빚어낸 결과라고 이해할 수 있다.

이처럼 '소통'은 매우 중요한 의미를 지니고 있음에도 인간관계에서 그리 쉽지 않은 문제다. 영화 "워낭소리"를 보면 말이 안 통하는 사람과 동물도 소통이 가능하지만 똑같은 한국말을 사용하는 가족이나 직장 동료 사이에도 의사소통에 어려움을 느낄 때가 많은 것이 현실이다. 과연 어떻게 하면 소통을 잘할 수 있는 것일까? 앞에서도 이야기했지만, 소통은 서로의 생각이 일치하는 것이 아니라 상호 간의 생각과 관점을 올바르게 이해하고 있는 상태를 의미한다. 따라서 소통은 나의 생각을 정확하게 전달하려는 노력, 그리고 상대방의 생각을 정확하게 이해하려는 노력을 동시에 요구한다. 직장에서 소통을 잘하려면 다음과 같은 점을 실천해야 한다.

첫째, 고정관념에서 벗어나라.

소통이 어려운 가장 큰 원인은 내 마음이 닫혀 있기 때문이다. 상사, 동료, 부하 직원에 대한 선입견이나 편견을 버리고 자신의 생각만 옳다는 독선적인 마음을 버려라. 소통의 첫 번째 관문은 사람들마다 서로 다른 생각과 가치관, 취향의 차이를 인정하는 것이다. 고정관념에서 벗어나 상대방의 말을 객관적으로 받아들일 수 있어야 소통이 가능해진다. 누군가와 소통이 안 되고 있다면 내가 마음의 문을 닫고 있는 것은 아닌지 반성해보라.

둘째, 개방적인 분위기를 형성하라.

소통을 위해서는 나의 마음뿐만 아니라 상대방의 마음도 열려 있어야 한다. 마음이 닫혀 있으면 소통이 불가능해진다. 직장에서 상사, 동료, 부하 직원과 대화를 시도할 때는 적절한 시간과 장소, 편안한 분위기를 형성하라. 대화 중에는 상대방에 대한 호감을 표현해주거나 상대방의 말에 대해 적극적으로 공감과 지지를 표현하라. 또한 상대방의 강점이나 장점을 칭찬, 인정하여 상대방이 마음을 열고 대화에 참여할 수 있도록 만들어라. 직장 내에 어떤 이야기든지 거리낌 없이 말할 수 있는 개방적인 분위기가 조성되어 있어야 소통이 가능해진다.

셋째, 질문하고 경청하라.

소통은 나를 이해시키기 전에 상대방의 생각과 감정을 이해해야 한다. 이를 위해서는 대화 중에 114법칙을 지켜야 한다. 114법칙이란 1분가량 자기 공개를 하고, 1분가량 질문하며, 4분가량 경청하는 것이다. 기계적으로 시간을 나누라는 의미가 아니라 자기 공개, 질문, 경청을 적절하게 활용해야 한다는 뜻이다. 특히 의사소통에 오해가 발생하지 않도록 질문을 통해 명확한 의미를 확인해야 한다. 앞에서 말한 실험에서 알 수 있듯이 소통이 어려운 가장 큰 이유는 상대방의 말을 내 마음대로 왜곡하여 듣기 때문이다. 이를 피하려면 질문을 자주 건네고 상대방의 생각과 감정에 귀를 기울여라. 우리는 소통이 잘 되지 않을 때 "도대체 왜 그래?"라는 말을 버릇처럼 하게 되는데 이 말을 불평으로 하지 말고 실제로 도대체 왜 그러는 것인지 질문을 건네고 알아보려는 노력을 기울여야 소통이 가능해진다.

넷째, 구체적으로 반복해서 설명하라.

소통은 내 생각을 강요하거나 주입시키는 것이 아니라 올바르게 이해시키는 것이다. 상사, 동료, 부하 직원들과 대화를 할 때는 오해가 발생하지 않도록 육하원칙에 의해 구체적이고 상세하게, 그리고 가능한 한 반복해서 여러 번 설명해야 한다. 사람은 자기가 듣고 싶은 내용만 선택적으로 듣기 때문에 한두 번 말하는 것으로는 충분치 않다. 중요한 사항에 관해서는 서면으로 전달하고 내 생각을 정확하게 이해하고 있는지 질문을 통해 확인하라. 특히 전화, 문자, 이메일, 편지 등 다양한 채널을 활용하는 것이 중요하다. 소통을 잘하는 경영자들은 대부분 이메일, 사내게시판, 간담회, 현장 방문 등 모든 가능한 의사전달 경로를 활용하여 소통을 시도한다. 누군가와 소통이 잘 안 된다면 기본적으로 내 설명과 노력이 부족한 것으로 생각하고 최대한 자주 반복해서 설명해야 한다.

다섯째, 새로운 방법을 시도하라.

고속도로에서 교통체증이 빚어지면 어떻게 하는가? 대부분 국도로 우회할 것이다. 의사소통 역시 마찬가지다. 대부분의 사람들은 소통에 문제가 생기면 쉽게 포기해버리는데, 이는 매우 어리석은 일이다. 인간 관계에서 소통은 고속도로보다 더 많이 자주 막힌다는 것을 명심하고 끈기와 인내로 노력을 지속해야 한다.

다른 사람과의 의사소통에 장애가 생기면 어디에 문제가 있는 것인지 분석해보고 시간, 장소, 분위기, 대화 채널, 대화법, 상대방과의 인간 관계 등에 변화를 시도해야 소통이 가능해진다. 최근에 유행하고 있는 트위터, 페이스북과 같은 소셜네트워크를 사내 소통의 도구로 활용하는 것도 좋은 방법이다. 실제로 2000년대 초반부터 미국의 IBM, P&G, 구글 등 초일류 기업들에서는 직원들과의 의사소통에 소셜미디어를 활용하고 있다.

소통은 내 마음속에 고정관념과 편견을 비우고, 상대방을 이해하고, 나를 이해시키려는 지속적인 노력에 의해서만 가능한 일이다. 따라서 상당한 끈기와 인내가 요구되는 작업이다. 지금까지 설명한 다섯 가지 요소를 잘 활용하여 상사, 동료, 부하 직원들과 적극적으로 소통해보라. 소통(小通)이 반복되면 대통(大通)이 될 것이다. 소통은 일방적인 강요가 아니라 상대방을 이해하고, 나를 이해시키려는 노력이라는 점만 명심하면 된다.

상대방의 기분에 맞춰주라

갈등은 상대방이 원하는 행동을 하지 않거나, 또는 상대방이 원치 않는 행동을 하기 때문에 발생한다. 따라서 갈등을 없애려면 상대방의 비위에 맞는 행동을 취해야 한다. 아울러 상대방의 비위를 맞춤으로써 인간관계가 개선되면 갈등에도 영향을 미쳐 사소한 원인에서 비롯된 갈등은 쉽게 해결될 수 있다. 비위를 맞춘다는 것은 상대방의 부정적인 감정을 해소해준다는 것을 의미한다. 강의 중에 교육생들과 주고받은 대화 내용을 통해 갈등과 부정적 감정의 상관관계에 대해 함께 생각해보자.

> 필자: 백설공주는 누구와 갈등을 빚었나요?
> 교육생 1 : 마녀인 계모와 갈등이 있었습니다.
> 필자 : 그렇죠. 계모와 갈등이 있었습니다. 그런데 무엇 때문에 갈등이 생겨난 것인가요? 마녀의 마음속에 백설공주에 대한 어떤 부정적인 감정이 형성된 것인가요?

> 아무도 선뜻 대답을 하지 못하고 모두 곰곰이 생각에 잠겨있다.

> 필자 : 너무 어렵게 생각하지 마세요. 동화를 읽어보면 이런 내용이 나옵니다. 마녀가 요술거울에게 질문을 합니다. '거울아, 거울아! 이 세상에서 누가 가장 예쁘니?' 거울이 대답하기를 '이 세상에서 가장

아름다운 건 백설공주입니다.'라고 말합니다. 이 말을 들은 마녀의 마음은 어땠을까요?

교육생 2 : 아마 질투심에 사로잡혔을 겁니다.

필자 : 맞아요. 백설공주는 눈처럼 흰 피부, 앵두처럼 붉은 입술, 흑단(黑檀)처럼 검은 머리를 가진 아름다운 공주였습니다. 이 세상에서 가장 예쁘다는 말을 듣고 싶었던 마녀는 백설공주가 더 예쁘다는 거울의 대답을 듣고 실망과 분노, 질투심에 사로잡혔을 겁니다. 그리고 그런 부정적인 감정을 해소하기 위해 백설공주를 죽이려 시도합니다. 따라서 우리가 생각할 수 있는 것은 마녀에게 부정적인 감정이 형성되지 않았거나, 또는 부정적인 감정이 다른 방법으로 해소되었다면 백설공주와의 갈등도 순조롭게 해결되었을 것이라는 점입니다. 언젠가 인터넷에서 이런 이야기를 본 적이 있습니다. 마녀가 백설공주를 미워하게 된 이유는 백설공주가 자신보다 예뻐서가 아니라 믿었던 거울의 배신 때문이라는 주장입니다. 재미있는 주장이 아닌가요? 분명한 것은 마녀의 마음에 형성된 부정적 감정이 배신감인지, 아니면 질투심인지에 따라 갈등의 해결 방법도 달라질 것이라는 점이죠. 이번에는 다른 동화를 생각해보죠. 어떤 이야기가 좋을까요?"

교육생 3 : 백설공주가 나왔으니 신데렐라도 좋을 것 같습니다.

필자 : 그래요, 신데렐라도 좋은 소재네요. 우리나라에는 비슷한 이야기로 콩쥐팥쥐 동화가 있죠. 동화 속에서 신데렐라는 누구와 갈등을 겪나요? 역시 계모와 갈등을 빚습니다. 아까 말한 것처럼 계모의 마음속에 신데렐라에 대한 부정적인 감정이 형성된 것인데 어떤 좋

지 못한 감정들일까요? 생각나는 대로 말해보세요."

교육생 1 : 수치심이 있지 않았을까요? 자신이 계모라서 떳떳치 못한 감정 같은……

교육생 2 : 불안감도 있었을 것 같습니다. 자신의 딸들이 신데렐라보다 뒤처지는 것을 걱정했을 수도 있지 않을까요?

교육생 3 : 백설공주 이야기처럼 신데렐라의 계모도 시기나 질투를 한건 아닐까요? 예쁜 신데렐라에게 말이죠.

교육생 4 : 신데렐라의 말이나 행동에 못마땅한 점이 있었다면 경멸이나 혐오감을 느낄 수도 있었을 것 같은데요.

필자: 그렇습니다. 어쩌면 지금까지 말한 모든 감정이 신데렐라의 계모 마음속에 복합적으로 형성되었을 것으로 생각됩니다. 그리고 그런 부정적인 감정의 영향으로 신데렐라에게 못된 말과 행동을 하게 된 거죠. 특히 무도회나 유리 구두와 관련돼서는 자신의 딸이 신데렐라보다 더 잘되기를 바라는 마음이 불안감과 함께 어우러졌겠죠. 물론 신데렐라의 계모는 원래부터 심술궂고 못된 성품을 가졌을 수도 있습니다. 일상생활 속에서 분노와 짜증을 느낄 때마다 신데렐라에게 화풀이를 했을 수도 있죠. 그런 선하지 못한 성품에다가 신데렐라에 대한 부정적인 감정까지 추가된다면 최악의 갈등이 빚어질 수밖에 없겠죠. 이제 마지막으로 한 가지만 더 사례를 찾아보기로 하죠. 어떤 동화가 좋을까요?

교육생 1 : 흥부와 놀부는 어떨까요?

필자 : 좋습니다. 함께 생각을 해보죠. 흥부는 형인 놀부와 갈등을

빚었습니다. 놀부의 마음속에는 흥부에 대해서 어떤 부정적인 감정이 형성돼 있었던 것일까요? 정답이 있는 것이 아니니 편하게 생각나는 대로 이야기하면 됩니다.

교육생 1 : 동생을 경멸하지 않았을까요? 흥부가 무위도식하고 능력도 없으면서 애들은 10명이나 넘게 낳은 것을 좋지 않게 생각했을 것 같습니다.

교육생 2 : 동생이 자기에게 빌붙어 살까 봐 걱정했을 겁니다. 욕심쟁이 놀부로서는 재산이 축나는 것이 가장 겁나고 불안했을 거예요.

교육생 3 : 동생에게 질투를 했을지도 모릅니다. 어릴 때부터 어른들이 착한 흥부에게만 칭찬해주는 모습을 보며 마음의 상처를 받았을지도 모릅니다.

교육생 4 : 동생에게 화가 났을지도 모르죠. 흥부가 형님을 존경하지 않는다고 느꼈을 수도 있어요. 자신이 집안을 일으키기 위해 노력한 공로를 몰라준다고 생각했을지도 모릅니다.

교육생 5 : 놀부는 욕심꾸러기니까 흥부에 대해 불안감이 많았을 것 같아요. 무엇보다 부모가 물려준 재산을 동생과 나눠 갖기가 싫었겠죠. 요즘에도 재산상속을 둘러싸고 형제들 간에 갈등이 많잖아요. 게다가 흥부네 식구를 먹여 살려야 되지 않을까 하는 걱정도 많았을 거예요.

필자 : 모두 맞는 얘기입니다. 아마 그런 감정들이 모두 복합적으로 형성되었다고 생각해도 좋을 것 같습니다. 지금까지 말한 내용을 다시 한 번 정리해보겠습니다. 갈등은 상대방의 마음에 나에 대한 부정

적 감정이 형성되어 그것이 공격적인 말과 행동으로 표출되는 것입니다. 따라서 상대방의 마음속에 어떤 부정적인 감정이 형성되어 있는 것인지를 파악하는 것이 중요합니다. 다른 말로 표현하자면 상대방이 왜 나에게 그러는 것인지 알아보는 것입니다. 특히 부정적 감정의 파악이 중요한 이유는 갈등이 심화될수록 감정적인 대립이 동반되기 때문입니다. 처음에는 사소한 의견 대립에서 출발한 갈등도 점차 마음의 상처를 주고받으면 감정적인 싸움으로 치닫는 경우가 대부분입니다. 지금 누군가와 갈등을 겪고 있다면 상대방이 어떤 부정적인 감정을 가지고 있는지 헤아려 보기 바랍니다. 그리고 그런 부정적인 감정을 해소해주면 갈등은 순조롭게 해결될 수 있습니다. 그것이 비위 맞추기 또는 기분맞추기입니다.

취업포털 커리어가 직장인 1,156명을 대상으로 "직장 상사와 친해지기 위해 어떤 방법이 가장 효과적이라고 생각하는가?"라는 주제의 설문조사를 실시하였는데, 다음과 같은 결과(복수응답)가 나왔다.

- 직장 상사가 지시하기 전에 먼저 일을 찾아한다. - 66.8%
- 직장 상사보다 먼저 출근하고 늦게 퇴근한다. - 24.2%,
- 수시로 직상 상사에게 칭찬을 한다. - 18.0%,
- 직장 상사와 같은 취미활동을 한다. - 13.0%
- 직장 상사의 경조사를 챙긴다. - 12.3%,
- 직장 상사에게 밥이나 술을 산다. - 9.7%

이처럼 직장에서 상사의 비위를 맞추기 위한 행동들은 다양한 방법으로 나타나는데 크게 여섯 가지 유형으로 분류할 수 있다.

① 상사의 자존심을 고양시키는 방법
② 상사에게 호의를 제공하는 방법
③ 나의 가치를 알리는 방법
④ 과잉 업무 행동
⑤ 상사의 의견에 동조하는 방법
⑥ 상사와의 유사성을 강조하는 방법

〈참고: '직장 내 비위맞추기 행동 차원들과 상사 – 부하 교환 질 간의 관계', 고재원〉

이러한 방법은 상사뿐만이 아니라 모든 가족, 친구, 사회 인맥 등 인간관계에도 동일하게 적용할 수 있다. 즉, 가족에게 칭찬을 들려주거나 선물을 줄 수 있다. 직장에서 다른 사람들의 업무를 도와주거나 의견에 동조해줄 수 있으며, 사회에서 새로운 사람을 만나면 상대방이 좋아하는 운동이나 취미에 함께 동참할 수 있다.

이런 비위맞추기 행동은 어떤 목적을 가지고 이뤄지느냐에 따라 아첨으로 보일 수도 있지만 긍정적인 관점에서 해석하면 직장 내 인간관계 개선을 위한 적극적인 노력으로 이해하는 것이 바람직하다. 우리는 누구나 자신을 좋아하는 사람을 좋아하고 자신을 좋아하는 사람을 위해서는 일정한 희생과 양보를 선뜻 받아들이게 된다. 따라서 갈등 해결을 위해서는 상대방의 기분을 맞춰주는 비위맞추기 행동을 적절하게 활용하는 것이 중요하다.

기분 맞추기 체크리스트

아래 항목을 읽은 후 갈등을 빚고 있는 사람에게 실천하는 내용이 있으면 괄호 안에 V자로 체크하라.

1. 칭찬, 감사, 사과의 말을 해준다. ( )
2. 호감과 스킨십을 표현한다. ( )
3. 차, 음식, 술을 대접한다. ( )
4. 생일, 기념일, 명절 등에 선물을 한다. ( )
5. 애경사에 참석하여 도움을 준다. ( )
6. 상대방의 말, 생각에 관심을 나타내준다. ( )
7. 상대방의 의견, 아이디어에 적극 동조해준다. ( )
8. 상대방이 자긍심을 느낄 만한 조언이나 도움을 청한다. ( )
9. 상대방이 좋아하는 취미, 운동에 참여한다. ( )
10. 상대방의 일을 도와준다. ( )

해 설)

- 7개 이상 해당

이 점수에 해당하는 사람은 다른 사람의 비위를 잘 맞추며 갈등을 슬기롭게 예방, 해결할 수 있다. 지금까지와 마찬가지로 행동하되 다른 사람의 일을 도와주고 상대방이 좋아하는 취미나 운동에 동참하면 더 좋은 결과를 기대할 수 있다.

- 4~6개

이 점수에 해당하는 사람은 다른 사람의 비위를 어느 정도 맞출 수 있으며 조금만 더 적극적으로 비위맞추기를 노력하면 인간관계에서 발생하는 많은 갈등을 예방, 해소할 수 있다. 상대방에게 차, 음식, 술을 대접하거나 선물을 주며, 애경사에는 반드시 참석할 수 있도록 노력한다.

- 3개 이하

이 점수에 해당하는 사람은 비위를 맞추기 어려우며 자주 예상치 못한 갈등이 발생하거나, 이미 발생한 갈등이 더욱 심화될 수 있다. 비위맞추기 행동은 갈등의 예방과 해결에 큰 영향을 준다는 사실을 기억하고 적정한 수준에서 능동적으로 실천해야 한다. 상대방의 말에 관심을 갖고 경청하며 사과, 감사, 칭찬의 말을 건네어 기분을 맞춰주도록 노력하라.

마음의 문을 열어라

갑자기 아내와 아들 사이에 목소리가 커지기 시작한다.

"물어봤어?"

"아니."

"엄마가 몇 번을 얘기했잖아. 초인종을 누르거나 문을 두드리면 누군지 물어보고 문을 열어줘야 한다고. 분명히 엄마가 그랬지?"

"네."

"앞으로는 절대로 그냥 문 열어주면 안 돼. 꼭 '누구세요?'라고 물어보고 열어줘야 돼. 알았지?"

"알았어요. 앞으로는 꼭 물어보고 열어줄게요."

가만히 들어보니 아들이 초인종을 누른 사람이 누군지 확인하지 않고 대문을 열어준 모양이었다. 얼마 전에도 아내가 주의를 줬는데 오늘 다시 똑같은 일이 발생한 모양이었다. 당연한 이야기지만 대문을 열어줄 때는 초인종을 누른 사람이 누구인지 확인하고 열어줘야 한다. 그리고 인간관계도 마찬가지다. 흔히 "마음의 벽이 있다.", "마음의 문을 열어야 한다."라는 말을 한다. 과연 어떻게 하면 다른 사람의 마음의 문을 열 수 있을까? 그 비결은 내가 다른 사람의 집에 들어가기 위해 대문을 노크하는 것과 같다고 생각하면 된다.

내가 마음의 문을 열기 위해 대문을 노크하면 어린아이처럼 마음이 순수한 사람, 경계심이나 불안, 두려움이 없는 사람은 내가 누구인지 확인하지 않고 마음의 문을 열어준다. 그러나 대부분의 사람은 "누구세요?"라고 물어보게 된다. 문밖에 와있는 사람이 강도일 수도 있고, 잡상인일 수도 있고, 종교를 전도하러 온 사람일 수도 있기 때문이다. 나에게 해를 끼치거나, 귀찮게, 불편하게 할 수 있기 때문에 그렇지 않은 사람이라는 것을 확인하는 과정이 필요해진다.

인간관계에서 마음의 문을 여는 것도 마찬가지다. 내가 마음의 문을 열려고 노크하면 상대방은 무의식 속에서 "누구세요?"라고 물어보기 마련이다. 따라서 내가 어떤 사람인지 알려주고 나에 대한 불안이나 경계심이 해소되어야 마음의 문을 열고 나오는 것이다.

다른 사람의 마음의 문을 열려면 먼저 나에 대해 알려야 한다. 현재 내가 어떤 일을 하며, 어떤 가치관을 가지고 있고, 어떻게 성장하였고, 어떤 계획을 가지고 있는지 알려야 한다. 나에 대해 자세히 알면 알수록 마음의 문을 열기가 쉬워진다. 신상 정보뿐만이 아니라 개인적인 결점, 특이한 습관, 실수담, 고민거리, 비밀들을 알려주는 것도 도움이 된다. 사회에서 '망가진다'고 표현되는 조금 부족하고 모자란 모습을 보여주는 것은 마음의 문을 여는 데 많은 도움이 된다.

사람들이 마음의 문을 쉽게 열지 못하는 것은 상대방 때문에 피해를 볼지도 모르고, 마음의 문을 열고 자신의 모습을 보여줬을 때 우습게, 나쁘게, 이상하게 보지 않을까 걱정하기 때문이다. 따라서 내가 상대방에게 호감을 가지고 있고 나 또한 평범한 보통사람이라는 것을 보여주면 상대방은 편안함과 안도감을 느끼며 마음의 문을 열게 된다. 다른 사람의 마음의 문을 열고 싶다면 먼저 내 마음의 문을 열어라. 나에 대해 솔직한 모습을 보여주고 또 맡겨져라. 그것이 바로 사람들의 마음을 여는 데 필요한 '열려라 참깨'의 주문이다.

마음을 여는 법 체크리스트

사람들의 마음의 문을 열고 싶다면 아래 항목을 살펴보고 실천 여부를 점검하라.

1. 상대방은 내가 자신에게 악의가 없고, 호의를 가지고 있다고
   믿는가?   (   )
2. 상대방은 내가 자신과 유사한 경험을 가지고 있다고
   생각하는가?   (   )
3. 상대방은 내가 자신의 생각을 충분히 이해해줄 수 있다고
   생각하는가?   (   )
4. 상대방은 내가 자신의 이야기를 적극적으로 경청해준다고
   생각하는가?   (   )
5. 상대방은 내가 자신의 이야기를 듣고 도움을 줄 수 있다고
   생각하는가?   (   )
6. 상대방은 내가 자신의 이야기를 듣는 일에 중요한 의미를

부여한다는 사실을 알고 있는가? ( )

7. 상대방은 내가 자신에게 마음의 문을 열어서 보여주고 있다고
   믿는가? ( )

8. 상대방은 내가 자신의 이야기를 듣고 비밀을 유지할 것이라
   믿는가? ( )

9. 상대방은 내가 자신의 부정적인 면을 있는 그대로 수용해줄
   것이라 믿는가? ( )

10. 상대방은 나에게 받은 감정적인 상처를 모두 회복하였는가? ( )

해 설)

사람과 상황에 따라서 해당하는 항목이 달라질 수 있기 때문에 몇 개가 해당되느냐 보다는 어떤 점이 결여된 것인지 점검해보는 목적으로 활용되어야 한다. 즉, 누군가의 마음의 문을 열고 싶을 때 상대방에게 어떤 점을 명확하게 전달해야 하는지 확인해보는 도구로 사용하면 된다.

작은 일은 양보하라

초등학교 때 친했던 친구 중에 P가 있다. 바둑을 좋아하여 시간이 날 때마다 함께 바둑을 두었다. P는 바둑교실을 다니고 있었고 실력도 매우 뛰어났기 때문에 내가 그를 상대로 바둑을 이긴다는 것은 거의 불

가능에 가까운 일이었다. 그런데 이상하게도 P가 한 번을 이기면 그 다음 번에는 내가 어렵게나마 바둑을 이기는 것이었다. 처음에는 운이 좋았거나 아니면 내가 바둑 실력이 향상된 것이라고 생각하였다. 그러던 어느 날 우연히 P의 아버님이 들려주는 말씀을 들으며 내가 바둑을 이길 수 있었던 이유를 알 수 있었다. P의 아버님은 오랫동안 중동과 해외의 건설현장에서 일하고 귀국하신 분이었는데, P와 내가 바둑을 두는 모습을 보시더니 넌지시 말씀해주셨다.

"친구끼리는 져줘야 한다. 특히 사소한 것은 절대로 이기려 들지 말고 모두 져줘라. 많이 져주는 사람이 좋은 친구를 만들 수 있다."

아직 어린 나이였기에 P의 아버님이 해주려던 말뜻을 정확하게 이해하지는 못했겠지만 그래도 마음속으로 무언가 뜨끔하고 뭉클한 것이 느껴졌었다. 내가 실력이 좋아서 바둑을 이긴 것이 아니라 P가 아버지의 가르침을 새겨듣고 작은 일에 져준 것이라는 사실을 알 수 있었다. 그리고 친구와의 관계에서도 모든 것을 이기고자 했던 내 모습도 반성할 수 있었다. 참으로 소중한 교훈이었지만 아쉬운 것은 시간이 얼마 지나지 않아서 새까맣게 잊고 살아왔다는 사실이다. 철부지 초등학생이었으니 당연한 일이겠지만 그때의 깨달음을 지금까지 실행해왔더라면 내 인생도 더욱 멋지고 아름다웠을 것이라 생각한다.

인생이 부질없고 철없는 이유 중의 하나는 사소한 것에 목숨을 걸기 때문이다. 작은 것은 양보하고 져도 그만이련만 어느 것 하나 지기 싫어하고 양보할 줄 모르는 헛된 고집과 자존감 때문이다. 오래전 신문에서 어떤 사람들이 내기바둑을 두다가 끝내 살인까지 저질렀다는 기사를 읽은 적이 있다. 처음에는 재미로 두다가 어느새 내기를 걸고, 마침내는 승부욕 때문에 상대방을 흉기로 찔렀다는 내용이었다. 그야말로 사소한 것에 목숨을 건 것이다. 인간관계에서도 사소한 것에 목숨을 걸지 말아야 한다. 좋은 관계를 맺으려면 상대방에게 많이 양보하고 자주 져주는 사람이 되어야 한다.

틸보트와 켈리의 '사회교환이론'에 따르면 인간관계가 유지되고 해체되는 이유는 서로가 투자한 노력이 얼마만큼의 보상을 받느냐에 달려 있다. 즉, 자신이 투자한 시간, 금전, 정신적 노력에 대한 보상이 크게 이뤄지는 인간관계는 만족을 느끼고 장기간에 걸쳐 유지하지만 보상이 이뤄지지 않거나 적게 일어나는 경우는 인간관계가 약화되거나 해체될 가능성이 높아진다. 여기서 보상은 정서적인 보상과 물질적인 보상을 모두 포함한다. 따라서 다른 사람과 좋은 관계를 맺으려면 물질이나 이익의 배분뿐만이 아니라 토론이나 논쟁, 사소한 감정싸움이 생겼을 때 상대방에게 져주고 상대방이 원하는 대로 양보하는 것이 가장 좋은 방법이다.

우리말에 "지는 게 이기는 것이다."라는 표현이 있다. 진다는 것은 어찌 보면 팔불출이 되는 것처럼 느껴지고, 어찌 보면 상대방에게 '봉' 노릇을 하는 것처럼 여겨지겠지만 그것이야말로 성공적인 인간관계를 만드는 가장 현명한 방법이다. 왜냐하면 사람은 누구나 자기를 이기는 사람보다 자기에게 지는 사람을 좋아하기 때문이다. 그런데도 사람들은 대부분 져주기보다는 이기고 싶어 한다. 아마도 인정받고 싶은 욕구 때문에 그럴 것이다. 그러나 이기려고만 드는 사람과는 좋은 관계가 형성되기 어렵다. 게다가 더욱 심각한 문제는 인간관계에서 지극히 사소한 일에도 이기기 위해 갖은 애를 다 쓴다는 사실이다. 양보해버리면 그냥 끝나버릴 일에도 미련을 버리지 못하고 결국 목숨까지 거는 것이 사람이라는 불가사의한 존재다.

제1차 세계대전이 끝나고 얼마 후 데일 카네기는 런던에서 개최되는 한 만찬에 참석하였다. 낯선 사람들과 함께 식사를 하던 중 그의 옆에 앉아 있던 사람이 "인간이 어떤 일을 벌이든 최종적인 결정은 하나님 손에 달려있다."라는 말을 인용하며 우스갯소리를 하였다. 그는 자신이 인용한 문장이 성경에 나오는 구절이라고 이야기했지만 그것은 사실이 아니었다. 그 문장은 셰익스피어의 작품에 나오는 말이었다.

카네기는 즉시 실수를 지적하며 반론을 제기했다. 그러나 그 사람은 자기의 주장을 굽히지 않았고 오히려 펄쩍펄쩍 화를 내며 흥분하기 시작했다. 두 사람은 한 치의 양보도 없이 서로의 주장이 옳다는 것을 증명하기 위해 설전을 벌였다. 그러다 마침 옆자리에 앉아있던 카네기의 친구 프랭크 가몬드에게 누구의 주장이 옳은지 질문을 건넸다. 가몬드는 오랫동안 셰익스피어에 대해 연구를 해오고 있었다. 가몬드는 남들이 눈치채지 못하게 식탁 아래로 카네기의 발을 툭 차면서 눈을 찡긋하더니 이렇게 말했다. "데일, 자네가 틀렸네. 저 신사분이 맞아. 그 문장은 성경에 나오는 말이야."

집으로 돌아오는 길에 카네기는 가몬드에게 따져 물었다. "가몬드, 왜 그렇게 말한 건가? 자네도 그 인용문이 셰익스피어의 작품에 나오는 말이라는 것쯤은 잘 알고 있을 텐데 말이야?" 가몬드는 이렇게 대답했다. "물론 알지. 햄릿 5막 2장에 나오는 말이네. 하지만 우리는 그 만찬에 초대받은 손님이었네. 굳이 그 사람이 틀렸다는 것을 증명하여 즐거운 파티를 망치고 그 사람의 체면을 구길 필요가 있었을까? 그렇게 해서 얻어지는 것은 아무것도 없다네. 오히려 한 사람의 적을 만들었을지도 모르는 일이야." 이 일이 있고 난 후 카네기는 논쟁에서 최선의 결과를 얻으려면 논쟁을 피하는 것이라는 소중한 교훈을 얻고 평생 실천에 옮겼다고 한다.

우리는 평생 수많은 사람들과 대화를 나누고 때로는 격한 논쟁을 벌인다. 그렇지만 그러한 일들이 얼마나 사소한 것이고 지엽적인 것인지를 느낄 수 있다면 상대방을 이기기 위한 노력 또한 얼마나 무의미하고 헛된 것인지도 깨달을 수 있을 것이다. 남편과 아내의 말싸움, 직장에서의 말다툼, 모임이나 단체에서의 논쟁들이 대부분 상대방에게 양보하거나 져도 그만인 사소한 일들인 경우가 대부분이다. 단지 그 사실을 알지 못하고 마치 지구 최후의 날이라도 온 것처럼 목숨을 걸고 싸우기 때문에 모든 문제가 복잡해지고 인간관계가 어려워지는 것이다.

벤저민 프랭클린은 다음과 같은 말을 남겼다. "만일, 당신이 다른 사람에게 따지고 상처를 주고 반박을 한다면 때때로 승리할 수도 있다.

하지만 그것은 공허한 승리에 불과하다. 왜냐하면 다시는 결코 상대방으로부터 좋은 호의를 얻어내지 못할 것이기 때문이다." 이 말처럼 인간관계에서는 지는 것이 궁극적으로 이기는 것이요, 이기는 것이 지는 것이다.

그러나 사실 인간관계에서 다른 사람에게 먼저 양보하고 상대방에게 져준다는 것은 생각처럼 쉽지 않다. 스스로에 대한 자긍심과 타인으로부터의 인정을 상실할지도 모른다는 두려움 때문일 것이다. 또한 상대방에 대한 호의적인 감정의 부족도 이유가 될 수 있다. 우리는 사랑하는 사람에게는 많은 것을 양보하고 져준다.

데이비드 윌슨은 "두 친구가 함께 놉니다. 한 사람은 놀고 싶지 않은데 다른 사람이 놀고 싶어서 함께 놀 때 그게 사랑입니다."라는 흥미로운 말을 남겼다. 이처럼 누군가를 사랑하면 그 사람을 위해 자신의 생각이나 이익을 포기하고 양보하기 마련이다.

우리말에 "자식 이기는 부모 없다."라는 말도 마찬가지다. 부모가 자식을 이기지 못하는 것은 힘이나 지식이 부족해서가 아니라 자식을 더 많이 사랑하기 때문이다. 내리사랑이라는 말처럼 사랑 때문에 자식에게 양보하는 것이다. 타인과의 갈등을 해결하고 싶다면 인간은 원래 선한 존재라는 생각으로 상대방에 대한 애정을 갖고 작은 일은 양보하도록 노력해보자. 지는 사람에게는 친구가 남고, 이기는 사람에게는 적이 남는다는 사실을 기억하며.

대화와 절충을 통해 협상하라

KBS뉴스에서 직장인 9,000명에게 "직장 상사에게 들려주고 싶은 속담"을 조사하였더니 다음과 같은 결과가 나왔다.

1. 재주는 곰이 넘고 돈은 사람이 챙긴다. (7%)
2. 장수는 자신을 알아주는 사람을 위해 목숨을 바친다. (11%)
3. 가는 말이 고와야 오는 말이 곱다. (13%)
4. 윗물이 맑아야 아랫물이 맑다. (24%)
5. 개구리 올챙잇적 생각 못한다. (30%)

이 조사를 통해서도 알 수 있듯이 부하의 공을 자신의 공으로 챙기는 상사, 부하를 인정할 줄 모르는 상사, 막말을 하는 상사, 솔선수범하지 않는 상사, 잘난 척하거나 부하의 실수나 잘못을 이해할 줄 모르는 상사는 부하들로부터 신뢰를 받기 어렵고 갈등을 빚을 가능성이 많다. 일반적으로 직장에서 갈등이 발생하는 원인을 보면 대략 다음과 같다.

☞ 상사
권위적인 행동
업무 능력 부족
불성실한 업무 태도
과다한 업무 부여

부당하고 무리한 업무 지시

불공정한 평가나 대우

특정 직원을 편애

약속을 지키지 않음

부하 직원의 공로를 가로챔

폭언이나 비난, 인격적 무시

매사에 꼬투리를 잡거나 빈정대는 행동

☞ 동료

가치관, 업무 스타일의 차이

고집이 세고, 자기주장만 내세움

입만 열면 아부를 일삼음

자신만 챙기는 개인주의적 행동

불공정한 업무 분담

업무 성과에 대한 생색내기와 독차지

☞ 부하, 후배

업무 수행 능력 부족

불성실한 업무 태도

변명을 일삼거나 책임을 회피

매사에 불평불만과 이의 제기

잘난 척

상사에 대한 예의나 존중감 결여

조직 분위기를 해치는 개인적, 돌출적 행동

이런 다양한 갈등을 유형별로 구분하면 크게 다음과 같이 나눌 수 있다.

(1) 말, 행동, 성향에 관련된 것

• 상사 : 권위적인 행동, 폭언이나 비난, 인격적 무시, 매사에 꼬투리를 잡거나 빈정대는 행동

• 동료 : 고집이 세고 자기주장만 내세움, 입만 열면 아부를 일삼음, 자신만 챙기는 개인주의적 행동

• 부하, 후배 : 변명을 일삼거나 책임을 회피, 매사에 불평불만과 이의 제기, 잘난 척, 상사에 대한 예의나 존중감 결여, 조직 분위기를 해치는 개인적, 돌출적 행동 등

(2) 업무와 관련된 것

• 상사 : 업무 능력 부족, 불성실한 업무 태도, 과다한 업무 부여, 부당하고 무리한 업무 지시, 불공정한 평가나 대우, 특정 직원을 편애, 약속을 지키지 않음, 부하 직원의 공로를 가로챔

• 동료 : 업무 스타일의 차이, 불공정한 업무 분담, 업무 성과에 대한 생색내기와 독차지

• 부하, 후배 : 업무 수행 능력 부족, 불성실한 업무 태도, 변명을 일삼거나 책임을 회피, 매사에 불평불만과 이의 제기

한편 직장인들은 직장에서 발생하는 갈등을 해결하기 위해 다음과 같은 방법을 동원하는 것으로 알려졌다.

• 동료들과 이야기(상사 뒷담화 등)를 통해 푼다. (36.2%)
• 혼자 삭인다. (22.4%)
• 가급적 더 큰 마찰이 생기지 않도록 피한다. (20.8%)
• 술자리 등 상사와 인간적으로 대화할 수 있는 자리를 만든다. (10.4%)
• 회의나 면담 요청 등 업무적으로 해결한다. (8.5%)

이 조사 결과를 통해보면 직장인들은 갈등이 생겼을 경우 직접적으로 상사와 해결하기보다는 간접적으로 해결하려는 태도를 보이는 것으로 알 수 있다. 그러나 갈등을 당사자와 직접 해결하지 않고 다른 사람과 뒷담화를 하거나, 혼자 삭이거나, 큰 마찰이 생기지 않도록 피하는 것은 모두 올바른 갈등 대처 방법이라고 할 수 없다. 갈등을 회피하는 것은 계속해서 더 큰 갈등을 쌓아 가는 것이며 새로운 갈등을 불러올

가능성이 높다. 갈등이 발생하면 회피하지 말고 적극적으로 상대방과 갈등을 해결하기 위한 직접적인 노력을 시도해야 한다.

갈등은 서로 다른 목표나 이해관계가 대립하고 있는 상황이다. 이런 대립을 해소하기 위해서는 대부분 협상의 과정이 필요하며 상호 간의 협상력에 따라 갈등의 해결 방법과 양상이 달라진다. 따라서 갈등에 직면하면 스트레스로 인식하지 말고 상대방을 내가 원하는 방향으로 움직일 수 있도록 나의 설득력과 협상력을 기르는 과정으로 생각하는 것이 바람직하다. 결국 갈등 해결은 리더십과 밀접하게 관련되어 있다.

높은 수준의 리더십을 가진 사람만이 직장에서 발생하는 갈등을 슬기롭게 해결하고 원만한 인간관계를 형성할 수 있다. 반대로 생각하면 직장 내 갈등을 효과적으로 해결하는 과정을 통해 리더십이 함양된다고 판단할 수 있다. 대인관계에서 갈등이 빚어지면 다음과 같은 방법으로 리더십을 발휘하고 협상을 시도하라.

(1) 상대방의 의도, 최종적인 목표를 분석해본다.

갈등의 원인, 상대방이 적대적인 말과 행동을 하는 이유, 상대방에게 형성된 부정적인 정서의 유형, 상대방이 얻고자 하는 최종적인 목표 등에 대해 생각해본다.

(2) 서로의 생각과 감정을 공유한다.

상대방의 생각과 감정, 상대방이 처해있는 상황에 대해 적극적으로 경청한다. 대화의 과정에서는 상대방에 대한 공감을 충분히 표현해준다. 그 다음으로 내가 생각하는 관점, 내가 느끼는 감정, 내가 처해있는 상황에 대해 공개한다. 대화할 때는 상대방에게 우호적, 협력적, 개방적 태도를 유지한다.

(3) 상호 간에 합의할 수 있는 해결책을 마련한다.

상충된 목표 사이에서 절충점을 찾아본다. 한쪽에서 수용할 수 있는 사항, 잠시 결정을 보류할 수 있는 사항, 상호 간에 조금씩 양보할 수 있는 사항, 다른 목표로 대체할 수 있는 사항 등을 검토하여 합의점을 마련해본다.

(4) 다섯 가지 요소를 점검한다.

갈등 대처에는 힘, 관계, 목표, 동기, 신념이 영향을 미친다. 따라서 상대방이 갈등에 대처하는 방법을 바꾸고 싶으면 다섯 가지 요소 중에서 변경될 수 있는 요소를 찾아 변화를 주면 된다.

• 힘 : 상대방의 힘을, 약화시키거나 나의 힘을 강화시킨다.
• 관계 : 상대방과의 관계에 친밀감, 신뢰감을 높인다.
• 목표 : 상대방의 목표를 수정하거나 다른 것으로 대체시킨다.
• 동기 : 상대방에게 다른 동기를 제공한다.
• 신념 : 상대방의 신념을 변화시킨다.

⑸ 지속적으로 노력한다.

작은 갈등은 쉽게 해결될 수 있지만 큰 갈등은 한 번에 해결되기 어렵다. 갈등을 너무 빨리 해결하려 들면 대결의 양상이 전개될 가능성이 높고, 반면에 너무 방치해두면 회피하는 양상이 나타날 수 있다. 갈등 해결에는 끈기와 노력이 요구된다는 사실을 명심하고 지속적인 대화와 협상을 시도해나가야 한다.

갈등 관리능력 체크리스트

다음 항목의 내용을 읽고 자신에게 해당하는 점수를 괄호 안에 적은 후 각각의 점수를 모두 합산하라.

전혀 그렇지 않다	그렇지 않다	보통이다	그렇다	매우 그렇다
2	4	6	8	10

1. 나는 다른 사람에게 공격적으로 느껴질 수 있는 비난이나
   비판을 하지 않는다. ( )
2. 나는 다른 사람을 대할 때 정중하고 예의 바른 말과 태도를
   취한다. ( )
3. 나는 다른 사람의 의견을 무시하지 않으며 상대방의 관점을
   이해하려 노력한다. ( )

4. 나는 다른 사람의 취향이나 스타일을 존중하며 가능한 한
   수용하려 노력한다.   (   )

5. 나는 다른 사람과 갈등이 생겨도 쉽게 흥분하지 않고 감정을
   잘 조절한다.   (   )

6. 나는 다른 사람과 갈등이 생기면 상대방의 상황과 감정을
   헤아리려 노력한다.   (   )

7. 나는 다른 사람과 갈등이 생기면 충분한 대화를 통해 나의
   생각과 감정을 이해시키려 노력한다.   (   )

8. 나는 다른 사람에게 잘못이나 실수를 행하면 곧바로 인정하고
   사과한다.   (   )

9. 나는 다른 사람과 갈등이 생기면 책임이나 잘못을 따지기보다
   해결에 초점을 맞춘다.   (   )

10. 나는 다른 사람과 갈등이 생기면 내 주장을 관철하기보다는
    함께 승-승 할 수 있는 대안을 찾으려 노력한다.   (   )

해 설)

• 81점 이상(우수)

여기에 해당하는 사람은 갈등 관리능력이 매우 우수한 사람이다. 계
속해서 9~10번 항목에 노력을 기울이면 된다.

• 51~80점(보통)

여기에 해당하는 사람은 갈등 관리능력이 중간 정도 수준이다. 이 점

수에 해당하는 사람은 6~8번 항목에 더욱 노력을 기울여야 한다. 갈등의 초기 단계에 대처 방법이 미숙하기 때문에 쉽게 해결될 수 있는 갈등이 더욱 심화되는 유형이다.

• 50점 이하(개선 필요)
여기에 해당하는 사람은 갈등 해결능력이 매우 낮은 사람이다. 이 점수에 해당하는 사람들은 가장 먼저 1~4번 항목에 주의를 기울여야 한다. 다른 사람을 대할 때 정중하고 예의 바른 태도를 유지하며 공격적인 말이나 행동을 삼가고 상대방의 의견이나 취향을 존중하는 마음가짐을 갖는 것이 중요하다.

제5장

갈등이여
안녕

하루에 10분 이상 대화하라

얼마 전, 고등학교 동창모임에 참석했을 때 들은 이야기다. 한 친구가 우연히 초등학교 5학년에 다니는 아들의 노트를 보게 되었다. "컴퓨터 게임을 못 하게 하는 엄마와의 갈등으로 고민에 빠진 철수에게 어떤 말을 조언해주면 좋은지 적어보라."라는 숙제가 있었는데, 아들이 쓴 글을 보고 심한 충격을 받게 되었다고 한다.

"철수야. 엄마한테 아무리 얘기해봐야 소용없을 거니까 단식투쟁을 해. 그래도 안 되면 가출을 하렴. 일주일 정도만 집을 나갔다가 돌아오면 분명히 네 소원을 들어줄 거야."

철부지 아이의 짧은 생각일 테지만 부모와의 소통방식에도 문제가 있을 것이라는 점이 분명해보였다. 만약 평상시에 이 아이가 부모와 많은 대화를 나누고, 자신의 마음을 있는 그대로 표현하며, 가족으로부터 충분한 공감과 이해를 받아왔었다면 철수에게 보내는 조언은 단식투쟁이나 가출과 같은 극단적인 방법이 아니라 자신의 생각을 적극적으로 설득하라는 내용이 되었을 것이다. 인간관계에서 가장 중요한 것이 소통이지만, 반면에 가장 어려운 것도 소통이라는 점을 친구 아이의 사례를 통해 다시 한 번 깨닫게 되었다. 이처럼 부모와 자식 간에도, 그리고 형제간에도 소통은 매우 어려운 주제다. 과연 어떻게 하면 가족 간에 마음을 여는 대화를 나눌 수 있을까?

첫째, 적극적인 호감 표현을 통해 한편이라는 사실을 알려줘라.

마음의 문은 현실의 문과 똑같다. 우리가 집에 있을 때 누군가가 초인종을 누르면 도둑이나 강도, 잡상인은 아닌지 확인한 후 피해를 주지 않을 사람이라고 확인되어야 대문을 열어준다. 마음의 문도 마찬가지다. 내가 악의가 없고 좋은 감정을 가지고 있다는 사실을 인식해야 상대방의 마음의 문이 열리기 시작한다. 나에 대한 경계심, 불안감이 가득 차 있으면 절대로 마음의 문은 열리지 않는다. 가족 간에도 허물없는 대화를 나누려면 자주 호감 표현을 하는 것이 바람직하고, 언제 어떤 상황에서든지 한편이 되어줄 것이라는 사실을 확인시켜 주는 것이 중요하다. 자신을 싫어하거나 미워한다고 생각하면, 또는 자기에게 관심이나 애정이 없다고 생각하면 가족에게도 마음을 열기란 어려운 일이다.

둘째, 먼저 내 마음을 열고 말 통하는 사람이 되라.

가족 간에 대화가 이뤄지지 않는 가장 큰 이유는 자신의 생각이 이해받지 못할 것이라는 판단 때문이다. 위에서 말한 초등학생의 사례에서도 알 수 있듯이 부모로부터 자신의 생각을 무시당하거나 거부당하는 일을 경험하면 마음의 문이 닫히고 더 이상 진심을 말하지 않게 된다. 따라서 마음의 문을 열려면 항상 상대방의 생각, 감정을 이해하려는 노력이 뒤따라야 한다. 자신의 생각, 감정을 이해하지 못할 것이라고 판단되면 가족에게도 마음을 열기란 어려운 일이다. 내 마음을 잘 알아주는 사람에게 마음의 문이 활짝 열리기 마련입니다.

셋째, 긍정적인 대화법을 익혀라.

가족 간에 친밀한 대화를 나누려면 차가운 말은 하지 않고 따뜻한 말을 주고받는 긍정적 커뮤니케이션이 필요하다. 부정적인 표현, 비난이나 비판은 삼가고 꼭 필요한 경우에는 칭찬-비판-칭찬과 같은 샌드위치 화법을 활용하라. 명령형의 표현보다는 권유, 의뢰형으로 말하고 '미안하지만……' '고맙지만……'과 같은 쿠션 용어를 사용하는 것이 바람직하다. 특히 자존심에 상처를 주거나 인격적인 가치를 훼손하는 말을 하지 않아야 하며 서로의 잘못을 지적할 때는 신중하고 조심스럽게 표현해야 한다. 반대로 칭찬, 감사, 격려, 지지, 인정, 축하, 축복, 사과 등의 말은 자주 할수록 좋다.

이 외에도 여러 가지 방법이 있겠지만 가장 중요한 것은 '언어는 습관이고 대화도 습관'이라는 사실이다. 언론에서 조사한 결과에 의하면 우리나라에서 부모와 자식 간에 하루에 10분 이상 대화를 나누는 가정은 10%에 불과하다. 이런 상황에서는 어떤 방법이나 스킬을 동원해도 열린 대화를 나누기 어렵다. 하루에 10분만이라도 대화 시간을 갖고 서로의 생각을 주고받는 경험이 반복되어야 조금씩 마음의 문이 열리고 점차적으로 가족 간에 편안한 대화 상대가 될 수 있다. '밥상머리 교육'이라는 말처럼 '밥상머리 대화'를 자주 나누어야 진솔한 대화가 가능해진다.

가족 간에도 마음의 문은 스스로 열어야만 가능하다. 그러나 내가 마음을 열지 않으면 상대방의 마음도 잘 열리지 않는다. 따라서 누군가의 마음을 열고 싶으면 내가 가지고 있는 고정관념이나 선입견, 고집을 버리고 그 사람의 이야기에 진심으로 귀를 기울여야 한다. 가족의 마음을 열고 싶으면 먼저 내 마음의 문부터 활짝 열어라.

죽을 때까지 내리사랑이다

몇 년 전, 칠순의 노모가 아들을 상대로 부양료 청구소송을 낸 일이 신문에 실린 적이 있다. 젊은 시절 남편을 잃고 혼자 온갖 고생을 다 해서 키운 아들로부터 무관심과 냉대를 받게 되어 일어난 사건이라 한다.

"어린 왕자"를 쓴 생텍쥐페리는 "부모들이 우리의 어린 시절을 아름답게 꾸며주셨으니 우리는 부모의 노년을 행복하게 꾸며드려야 한다."라는 명언을 남겼는데 이 말이 실로 무색한 사건이 아닐 수 없다. 그러나 어쩌겠는가. 내리사랑은 있어도 치사랑은 없다고 했다. 팔순 노모가 육순 아들에게 '차 조심하라'고 당부하듯이 자식은 그저 죽을 때까지 자식일 뿐이다.

필자에게도 77세가 되신 부모님이 생존해 계신다. 가까운 거리에 사시기 때문에 특별한 사정이 없는 한 주말마다 찾아뵙곤 한다. 돌아올 시간이 되어 부모님 집을 나설 때면 어머니께서는 대문 앞까지 따라 나오셔서 먼발치로 자식이 사라질 때까지 지켜보고 계신다. 그 모습을 뵐 때마다 어머님의 자식사랑에 대한 감사함과 불효자식으로서의 죄송함으로 마음이 아려 온다.

얼마 전 여론조사에 의하면 "자녀에게 고민이 생기면 당신과 상의할
것이라 생각하십니까?"라는 질문에 '그렇다'고 대답한 아빠는 52%였다.
반면에 "고민이 생기면 부모와 상의할 수 있습니까?"라는 질문을 중고
등학생에게 물어본 결과 '그렇다'고 대답한 학생은 3%에 불과했다. 이처
럼 부모와 자식 간에도 마음을 열지 못하는 것이 우리 주변의 흔한 풍
경이다. 어렸을 때부터 자녀들과 친밀한 관계를 형성했다면 다행이겠으
나 만약 그러지 못했다면 다음과 같은 노력을 통해 중년의 자녀들과
좋은 관계를 만들어보자.

첫째, 앨범을 활용하라.

아들(딸)이 방문할 때 자연스럽게 앨범을 꺼내놓았다가 옛날 사진을
함께 보며 대화를 나눠보라. 틀림없이 여러 가지 추억을 떠올리며 애틋
한 감정을 느끼게 될 것이다. 아들(딸)이 기억하지 못하는 어릴 적 모습,
성장 과정에 있었던 일화 등에 대해 이야기를 들려줘라.

둘째, 선물을 하라.

아들(딸)의 생일에 선물을 하라. 인간관계는 Give & Take(원래는 Give &
Thank you)라고 하듯이 부모와 자식 간에도 받는 것을 싫어하는 사람은
없다. 필자의 경우에도 생일 때마다 부모님이 작은 선물을 주시는데 송
구한 마음이 들어 부모님의 생신에 더욱 신경을 쓰게 된다.

셋째, 먼저 연락을 하라.

아들(딸)에게 연락이 오기만을 기다리지 말고 먼저 연락을 하라. 전화, 문자를 통해 안부를 묻고 격려를 해주고, 덕담을 들려줘라. 일주일에 한 번씩, 다섯 번만 하면 틀림없이 그 다음부터는 자녀에게서 먼저 연락이 오기 시작할 것이다.

넷째, 칭찬을 해줘라.

며느리(사위), 손자, 손녀가 있는 앞에서 아들(딸)을 칭찬해줘라. 칭찬은 고래도 춤추게 한다는 말처럼 구순 노모 앞에서 칠순 자식이 색동옷을 입고 춤추는 일도 생겨날 것이다.

다섯째, 미안하다. 고맙다는 말을 하라.

살아오면서 부모의 도리를 다하지 못한 점에 대해 미안하다고 말하라. 아들(딸)이 자식의 도리를 다해주는 점에 대해 고맙다고 말하라. 죽기 전에 사랑하는 아들(딸)에게 미안하다, 고맙다고 말하라. 틀림없이 아들(딸)이 더 많이 미안해하고 더 많이 고마워할 것이다.

인간관계는 노력이며 습관이다. 먼저 연락하고, 말 건네고, 감사와 칭찬, 사과의 말을 건네고, 선물이나 도움을 주며, 함께 시간을 보내려 노력해야 한다. 부모와 자식 간의 관계도 마찬가지다. 처음에는 어색하고 쑥스럽겠지만 그것을 떨쳐버려야만 좋은 관계를 만들 수 있다. 자식은 죽을 때까지 내리사랑이라는 사실을 명심하고 다섯 가지 사항을 꼭 실천해보자.

천생연분? 평생원수?

탤런트 김자옥 씨가 방송에 출연하여 이것저것 남편에 대한 자랑을 이야기했다. 그 말을 듣던 사회자가 "이 세상에 다시 태어나도 지금 남편과 다시 결혼하시겠네요?"라고 질문을 건네자 김자옥 씨는 이렇게 대답했다.

"천만에요. 그렇게 멋진 사람을 혼자서만 독차지하면 되겠어요. 다른 사람도 같이 살 기회를 줘야죠."

'다시 결혼하고 싶지 않다'는 말을 우회적으로 재치 있게 표현하는 모습을 보고 한참 동안 입가에 미소가 떠나지 않았다. 이처럼 부부관계란 말처럼 쉬운 것도 아니고 다른 사람에게 보이는 것과도 다르기 마련이다. 얼마 전 목숨을 끊은 최진실 씨는 연예계 데뷔 시절 '남자는 여자하기 나름이에요'라는 광고 CF로 선풍적인 인기를 얻었다. 그리고 많은 사람들이 부러워하는 행복한 가정을 꾸리는가 싶더니 아쉽게도 결혼생활에 실패하고 결국 자살에까지 이르고 말았다. 그러고 보면 철학자들의 말처럼 결혼은 전쟁터와 같은 성격도 있지 않나 생각된다.

어떤 TV 프로그램에 노부부가 나와서 퀴즈 맞추기 게임을 하고 있었다. 할아버지가 할머니에게 문제를 설명한다.

"여보, 우리 둘 사이를 뭐라고 말하지?"
"웬수!"
"아니, 그거 말고 중간에 '생'자 들어가는 말로 네 글자 있잖아."
"평생웬수!"

할머니의 단호한 표정과 말투에 배꼽을 잡았지만 동시에 씁쓸해지는 마음도 어쩔 수 없었다. 과연 부부는 전생의 원수가 만나서 결혼하는 것일까? 이 표현에 대해 "부부는 전생의 원수가 만나는 것이다. 그렇기 때문에 결혼을 했으면 상대방에게 봉사하고 헌신해서 전생의 원한을 풀어야 한다. 그렇지 않으면 다음 세상에 더 큰 악연으로 만나게 된다." 라고 긍정적으로 해석하는 분도 보았다. 전생의 원수라는 생각으로 서로를 미워하고 부부관계를 포기하는 것보다는 낫지만 그래도 아쉬운 견해가 아닐 수 없다.

과연 부부란 무엇이고 행복한 부부관계는 어떻게 만들 수 있을까? 정답을 찾기가 쉬운 일은 아니지만 행복한 부부관계를 위해서는 다음과 같은 몇 가지 사항이 필요할 것이다.

첫째, 결혼에 대한 환상을 버려야 한다.
결혼도 인생의 한 부분이다. 인생을 살다 보면 성공과 실패가 있고, 기쁨과 슬픔, 행복과 불행이 있듯이 결혼생활에도 밝은 날이 있으면 흐린 날이 있기 마련이다. 헤르만 헤세는 "삶이 밝을 때도 어두울 때도 나는 절대로 인생을 욕하지 않겠다."라고 말했다. 결혼생활도 마찬가지다. 부부간의 갈등으로 인해 원망과 슬픔, 고독을 겪는다고 해도 결혼 자체를 욕하지 말아야 한다. 모든 것을 인생의 과정, 결혼생활의 일부분으로 받아들이고 어떻게 극복할 수 있을지 생각해야 한다.

둘째, 자신에 대한 환상을 버려야 한다. 부부 갈등에서 가장 문제가 되는 것은 상대방에게 책임과 잘못을 돌리는 태도다. 나는 아무런 문제가 없는데 상대방 때문에 결혼생활이 불행해졌다고 생각한다. 물론 어떤 가정은 남편이나 아내의 치명적인 잘못으로 인해 불행을 겪는 경우도 있지만 손뼉이 부딪쳐야 소리가 나는 것처럼 대부분의 갈등은 부부가 함께 악화시키는 것이다. 행복한 부부 관계를 위해서는 나는 문제가 없다는 생각을 버리고 부적절한 말과 행동을 고쳐야 한다.

셋째, 배우자에 대한 환상을 버려야 한다.
결혼을 하고 나면 배우자의 부족한 점을 당연하게 받아들여야 하며 세월이 흐름에 따라 배우자가 변하는 모습도 당연하게 받아들여야 한다. 배우자가 영원히 나를 사랑하고, 죽을 때까지 나를 떠받들고 헌신할 것이라는 생각도 버려야 한다. 배우자에 대해 사회나 직장에서 만나는 사람들과 마찬가지로 똑같은 평범한 사람으로 생각해야 한다. 그렇지 않고 배우자에게 아내, 어머니로서의 이상적인 모습만 기대하면 부부 생활에 갈등이 생기기 마련이다. 마찬가지로 남편의 능력이나 성품,

태도에 대해서도 현실적인 수준에서 기대하고 판단해야 한다.

넷째, 비위를 맞춰라.

남존여비라는 고사성어를 우스갯소리로 해석하면 "남자가 존재하려면 여자의 비위를 맞춰야 한다."라는 뜻이 된다고 말한다. 반대로 여존남비는 "여자가 존경받으려면 남자의 비위를 맞춰야 한다."라는 뜻이라고 한다. 아무리 생각해봐도 옳은 말이다. 아내가 남편을 칭찬해주고 남편이 아내를 칭찬해주면 부부 관계가 화목해진다. 가정에서 갈등을 없애고 화목한 관계를 만들고 싶으면 남편 또는 아내에게 '고생시켜 미안하다'고 말하라. '함께 살아줘서 고맙다.', '세상에서 가장 소중하다.'라고 말하라. 직접 얼굴을 보고 칭찬하기 쑥스러우면 문자, 이메일, 편지를 보내는 것도 좋은 방법이다. 될 수 있는 한 자주 설거지, 분리수거, 집안일을 도와줘라. 안마를 해줘라. 좋아하는 반찬을 만들어줘라. 결혼기념일, 생일에 선물을 줘라. 때로는 꽃 한 송이도 감동을 주는 큰 선물이 될 수 있다. 서로의 비위를 거스르는 말과 행동을 삼가고 상대방의 기를 살려줘라.

다섯째, 10계명을 실천하라.

행복한 부부 관계를 위해서는 다음과 같은 열 가지 사항을 실천해야 한다. 무엇보다 중요한 것은 아내, 남편을 다시 사랑하고, 죽을 때까지 용서하는 일이다. 모든 인간관계가 그렇지만 부부관계도 결국 노력에 달려있다. 어렵게 생각하지 말고 날마다 꾸준하게 실천하라. 이 세상에 다시 태어나도 함께 살고 싶은 부부가 될 것이다.

　(1) 다시 사랑하라.
　화산도 용암을 항상 뿜지는 않는다. 사랑이 식었으면 다시 사랑하라.

　(2) 함께 이룰 꿈을 가져라.
　결혼생활을 통해 함께 이루고 싶은 꿈, 목표를 정하라.

　(3) 서로 뒷바라지하라.
　인생에서 성공한 사람이 될 수 있도록 아내(남편)의 자아실현을 뒷바라지 하라.

　(4) 소중한 것을 소중하게 하라.
　아내(남편)가 소중하게 생각하는 것을 소중하게 대하라.

　(5) 함께 여행을 떠나라.
　둘만의 시간을 가져라.

　(6) 건강을 챙겨라.
　건강해야 사랑도 하고 싸움도 한다. 아내(남편)의 건강을 보살펴라.

　(7) 매일 10분 이상 대화하라.

아내(남편)에게 하루에 10분 이상 따뜻한 관심을 보여라.

(8) 책임과 역할을 생각하라.

진실된 남편으로서, 진실된 아내로서 지켜야 할 책임과 역할이 무엇인지 생각하라.

(9) 좋아하는 것을 하고 싫어하는 것을 하지 마라.

아내(남편)가 좋아하는 것을 하고, 싫어하는 것을 하지 마라.

(10) 용서하라.

네가 사랑해서 선택한 사람이니 100번의 100번이라도 용서하라

화성 시어머니, 금성 며느리

인터넷을 통해 30, 40대 여성들에게 널리 알려진 유머가 하나 있다. 며느리에게 가장 좋은 시어머니는 "김치, 고추장 등을 손수 담가서 먹으라고 갖다 주는 사람"이다. 그렇다면 최고의 시어머니는 어떤 사람일까? 정답은 "김치, 고추장 등을 손수 담가서 아파트 경비실에 맡겨놓고 집에는 방문하지 않은 채 그냥 돌아가는 사람"이다. 인터넷에 떠도는 우스갯소리이긴 하지만 우리 사회에서 심각하게 발생하고 있는 고부 갈등의 한 단면을 적나라하게 보여주는 이야기라 생각된다. 실제로 서울

시와 여성 포털 이지데이가 네티즌 3,235명을 대상으로 실시한 설문조사 결과를 보면 여성들은 가족 관계 중에서 시어머니에게 가장 큰 스트레스를 받고 있는데 '가정 살림에 지나친 간섭과 잔소리' 28%, '남편에 대한 지나친 예우 강요' 20%, '며느리의 사회생활에 대한 이해 부족' 18%, '자녀출산과 육아에 대한 간섭' 16%, '지나친 경제적 지원 요구' 16% 등으로 인해 갈등을 겪고 있는 것으로 나타났다. 과연 고부 갈등은 영원히 풀리지 않는 숙제일까? 시어머니의 입장에서 며느리와 갈등을 겪지 않고 화목하게 살고 싶다면 다음과 같은 점을 명심해야 한다.

첫째, 모든 며느리는 근본적으로 외국인이다.

미국 존 그레이 박사는 "화성 남자, 금성 여자"라는 책에서 남자와 여자는 서로 다른 행성에서 태어난 외계인처럼 근본적인 차이점을 지니고 있으며 이 차이점을 이해하고 받아들일 수 있어야 부부 갈등을 줄일 수 있다고 설명하였다. 시어머니와 며느리 사이에도 서로 다른 성장 문화, 생활방식의 차이가 존재하는데 이러한 차이점에 대한 이해와 인정이 고부 갈등의 해결에 중요한 필수 전제 조건이다. 최근 국제결혼이 증가하면서 외국 여성을 며느리로 맞이하는 경우가 많아지고 있다. 이런 경우에는 시어머니와 며느리 간에 서로 다른 언어, 식습관, 문화적 차이를 당연한 것으로 받아들이고 가족 관계를 시작하게 된다. 이처럼 외국인 며느리를 받아들이는 것과 똑같지는 않겠지만 한국인 며느리도 30여 년이라는 시간을 다른 집에서 다른 가풍의 영향을 받으며 성장한 사람이다. 따라서 말이 안 통하고, 취향과 방식이 다르고, 생각이 서로 맞지 않는 것은 지극히 당연한 일이다. 며느리에게 이해하기 어려운 점을 발견하면 그 차이점을 비난하거나 불평하지 마라. 모든 며느리는 근본적으로 외국인과 마찬가지라 생각하고 있는 그대로를 받아들이려 노력해야 한다. 고부 갈등 해결의 첫 단추는 화성 시어머니와 금성 며느리가 만나서 가족이 된다는 사실을 깨닫는 것이다.

둘째, 며느리를 위한 흑기사가 되라.

고부 관계는 시어머니가 며느리를 어떤 존재로 인식하느냐에 따라 양상이 매우 달라진다. 우리 사회에서 대부분 시어머니는 며느리를 한 사람의 독립적인 인격체로 생각하기보다는 자신이 낳은 금쪽 같은 아들을 위한 부차적인 존재로 인식하는 경향이 강하다. 따라서 며느리와 관련된 대소사를 판단할 때 아들의 행복에 도움이 되느냐, 그렇지 않느냐는 기준에 따라 평가하게 된다. 이러한 행동은 모성애를 지닌 어머니로서 어쩔 수 없는 본능일 수도 있을 것이다. 그러나 '팔은 안으로 굽는다'는 식의 차별적이고 이중적인 잣대는 결국 며느리의 불만과 갈등을 유발하게 된다. 많은 사람들이 고부 갈등의 해법으로 권장하는 '며느리를 딸처럼 대하라'는 말은 내 자식처럼 소중하게 생각하라는 뜻만이 아니라 아들과 며느리를 차등하여 대우하지 말라는 뜻도 담겨져 있다. 술자리에서 술이 약한 여성을 대신하여 술을 마셔 주는 사람을 '흑기사'라고 부르는데 원만한 고부 관계를 만들고 싶으면 시어머니가 아들의 흑기사 노릇만 하지 말고 며느리의 흑기사가 돼주려고 노력해야 한다. 며느리를 아들의 아내라고만 생각하지 말고 한 사람의 여성으로서 자신의 인생을 살아가는 소중한 존재로 생각하라.

셋째, 사랑하고 사랑하라.

나는 2남 1녀의 형제 중에 막내로 태어났다. 지금은 일본에서 생활하고 있는 누이가 이런저런 이유로 어머니와 말다툼을 벌이고 갈등을 빚는 모습을 어린 시절부터 많이 봐왔다. 나는 1남 1녀의 자녀를 두고 있다. 첫째가 고등학교 3학년에 올라가는 딸인데 하루가 멀다 하고 아내와 다투는 모습을 지켜보며 살아가고 있다. 어떤 날은 공부 때문에 싸우고, 어떤 날은 옷차림이나 머리 스타일 때문에 싸운다. 용돈 때문에도 싸우고, 외출 시간 때문에도 싸운다. 내 눈에는 거의 모든 이유로 사사건건 싸우는 것처럼 보인다.

처음에는 우리 집만 그런 줄 알았더니 세상 모든 가정의 풍경이 비슷비슷하다는 사실도 알게 되었다. 그런데도 우리 사회에서 모녀 갈등이 심각한 사회적 문제라는 말은 들어본 적이 없으니 매우 신기한 일이다. 과연 무엇 때문일까? 곰곰이 모녀 갈등과 고부 갈등의 차이점을 생각해보면 두 가지 사실을 깨닫게 된다.

첫째, 같이 살기 때문에 싸운다는 것이다. 아무리 피를 나눈 모녀지간도 가정과 가족이라는 한 울타리 안에서 살다 보면 필연적으로 충돌이 일어나기 마련이다. 따라서 고부 갈등도 시어머니 또는 며느리의 문제라기보다는 함께 살아가는 가족 관계에서 불가피하게 발생하는 현상이라고 이해해야 한다.

둘째, 딸과의 갈등은 쉽게 해소되는데 며느리와의 갈등은 자꾸 증폭

되고 오래 가는 이유는 결국 사랑의 문제이다. 딸과의 갈등은 '자식 이기는 부모 없다'는 말처럼 내리사랑으로 끝나는 경우가 대부분인데 반해 며느리와의 갈등은 윗사람으로서 아랫사람에게 지지 않겠다는 마음이 존재한다. 딸과는 아무리 싸워도 서로에 대한 사랑을 의심치 않지만 며느리와는 서로에 대한 사랑이 미처 확인되지 못한 상태에서 갈등이 발생하여 원망과 미움으로 증폭된다. 따라서 고부 관계를 모녀 관계처럼 원만하게 유지하고 싶다면 먼저 충분한 사랑을 베풀고 경험시켜야 한다. 서로에 대한 사랑이 없다면 그 어떤 방법도 진실하고 친밀한 고부 관계를 만들어주지 못한다.

얼마 전, 전국노래자랑을 진행하는 송해 씨의 신문 인터뷰에 다음과 같은 내용이 나온 적이 있다.

> "전라도 남원을 갔는데 며느리가 노래하고 시어머니가 춤추고 그랬죠. 며느리에게 물었더니 '집에 인물이 잘난 사람이 들어와야 하는데 제가 그렇지도 못하고 친정이 넉넉지 못해 도움도 못 드리고, 또 반찬 솜씨도 없어서 시어머니에게 맛있는 것도 못 해드리고 해서요. 그래서 시어머니에게 무엇으로 즐겁게 해드릴까요 했더니 '야, 전국노래자랑에 나가 너 노래하고 나 춤 한 번 추자.' 해서 모시고 나왔다고 하더군요. 사람들 박수가 엄청 나왔어요."

이 글을 읽는 세상의 모든 시어머니에게 정반대로 말하고 싶다. 며느리 인물이 못나고, 넉넉한 집안 출신이 아니고, 반찬 솜씨가 없더라도 내 자식처럼 생각하고 따뜻하게 사랑하라. 아들과 똑같이 소중하게 대우하라. 30년 이상 외국에서 살다 온 사람으로 생각하라. 인간관계는 기술이 아니라 마음이고 노력에 달려있다. 다음에 덧붙이는 맹자의 명언을 명심하라!

"누군가를 사랑하되 그가 나를 사랑하지 않거든 나의 사랑에 부족함이 없는가 살펴보라."

사돈 남 말 하지 마라

필자가 어렸을 때부터 아버님은 "너희들이 빨리 결혼하여 술동무처럼 지낼 수 있는 사돈이 생기는 것이 소원이다."라는 말씀을 자식들에게 자주 들려주셨다. 유감스럽게도 이 소박한 소원은 이뤄지지 못했다. 아내는 3남 3녀의 막내였는데 이미 연로한 장인어른은 결혼한 지 2년째 되던 해에 76세의 나이로 돌아가셨다. 장인어른과의 추억이 많지 않은 것도 아쉬웠지만 아버님이 입버릇처럼 말씀하시던 소원을 들어드릴 수 없는 점도 죄송스러웠다. 그러나 장인어른이 몇 년을 더 생존해 계셨어도 두 분이 좋은 술친구가 되었을지는 확신이 들지 않는다. 결혼하여 20년이란 시간을 지내고 보니 세상에서 가장 불편하고, 어려운 관계가 바로 사돈지간이 될 수도 있다는 사실을 깨달았기 때문이다.

사돈은 혼인한 두 집안의 부모들 사이 또는 그 집안의 같은 항렬이 되는 사람들 사이에 서로 상대편을 이르는 말이다. 따라서 사돈은 매우 가까운 관계지만 실제로는 그다지 가깝지 않은 것이 사돈지간이다. 예부터 전해 내려오는 속담에 "사돈은 부처님 팔촌만도 못하다.", "사돈 집과 뒷간은 멀수록 좋다."라는 말이 있고, 남이나 다름없는 먼 친척을 '사돈의 팔촌'이라고 부른 것을 보면 사돈 간에는 쉽게 좁혀지지 않는 거리감이 있었음을 알 수 있다. 그러나 원래 사돈이란 말의 유래에는 다음과 같은 아름다운 우정의 이야기가 전해져 내려온다.

고려 예종 때 여진을 함께 정벌한 도원수 윤관과 부원수 오연총은 아들딸의 혼인으로 맺어진 관계이기도 했다. 어느 봄날 술이 잘 빚어진 것을 본 윤관은 하인에게 술동이를 지게 하고 오연총의 집으로 향했다. 그런데 간밤에 내린 소낙비로 물이 불어나 개울을 건널 수가 없었다. 안타까움에 발을 구르고 있는데 개울 건너편을 바라보니 오연총도 술통을 옆에 두고 발을 구르고 있는 게 아닌가. 잠시 후 두 사람은 개울을 사이에 두고 등걸나무[査]를 구해 걸터앉았다. 먼저 윤관이 술잔을 비운 뒤 개울 건너 오연총에게 잔 권하는 시늉을 했다. 오연총도 머리를 숙여[돈수頓首] 술잔을 받는 예를 표시한 뒤 스스로 채운 술잔을 비웠다. 이렇게 둘은 등걸나무[査]에 걸터앉아 서로 머리를 숙이며[頓首] 술잔을 주고받는 시늉을 하며 풍류를 즐겼다. 이때부터 자식 사이의 혼인을 제안할 때는 '사돈(등걸나무에 앉아 머리를 조아린다)해볼까."라고 말하게 됐다고 전해진다.

아마도 내 아버님이 꿈꾸셨던 관계도 윤관과 오연총 같은 사돈지간이었으리라. 이처럼 사돈지간에 오랜 술동무처럼 흉허물없는 우정을 즐기면 좋으련만 현실은 그렇지 못하다. 사돈은 세상에서 가장 대하기 조심스럽고 부담되며, 가급적 마주치고 싶지 않은 사람이다. 실제로도 1년에 한두 번 만날까 말까 하는 사람이 사돈지간이며 막상 만나도 헛기침만 나오고 별다른 대화 없이 서먹서먹하게 시간을 보내다 헤어지는 것이 대부분의 사돈지간이다. 과연 어떻게 하면 사돈지간에 좋은 관계를 형성할 수 있을까? 다음과 같은 세 가지 사항을 실천해보는 것이 도움이 될 것이다.

첫째, 사돈 남 말 하지 마라.
부부 갈등도 마찬가지지만 사돈 간에 갈등이 생기는 대표적인 이유는 상대방에 대해 뒷말을 하기 때문이다. 며느리나 사위에게 사돈의 흉을 보면, 다시 그 말이 사돈에게 흘러들어 가고 결국 사돈과의 사이에 앙금을 만들게 된다. 절대로 며느리나 사위에게 사돈에 대한 뒷말을 하지 말아야 한다.

둘째, 며느리(사위) 칭찬을 많이 하라.
사돈과 좋은 관계를 형성하려면 며느리 또는 사위에 대한 칭찬을 많이 하면 된다. 고슴도치도 자기 자식이 예쁘다고 모든 부모 눈에는 항상 자기 자식이 최고일 뿐이다. 자기 자식을 칭찬하고, 예뻐하는 사람을 싫어할 부모는 세상 어디에도 없다. 며느리의 부모에게 며느리에 대한 칭찬을 많이 하라. 사위의 부모에게 사위에 대한 칭찬을 많이 하라.

셋째, 명절이나 애경사는 반드시 챙겨라.

사돈과 좋은 관계를 형성하려면 명절이나 애경사는 반드시 챙기는 것이 중요하다. 명절 때는 반드시 친정(본가) 부모님을 찾아뵙도록 신경 써 줄 필요가 있으며 가능한 한 작은 선물이라도 들려 보내는 것이 좋다. 사돈댁에 생일, 결혼, 승진, 초상 등 애경사가 생기면 꼭 참석하여 최대한 성의를 표시하여야 한다.

사실 현대사회에서 사돈지간에 직접적인 만남이나 교류가 일어나는 가정은 그다지 많지 않을 것이다. 아마도 대부분은 며느리(사위)를 통해 사돈댁의 안부를 전해 듣고 전달하는 정도일 것이다. 따라서 좋은 사돈 관계를 형성하려면 중간에 있는 며느리(사위)가 어떻게 현명하게 처신하느냐가 중요하다. 내가 아는 어떤 여성은 선물을 살 때는 반드시 똑같은 것으로 두 개를 사서 시댁에는 '친정 부모님이 보내는 선물'이라 말하고 친정에는 '시부모님이 보내는 선물'이라고 한다는 이야기를 들은 적이 있다. 사돈 간의 관계를 돈독하게 만들어주는 슬기로운 행동이라 생각된다.

사돈에 관련된 고사 성어에 아가사창(我歌査唱)이라는 말이 있다. 내가 부를 노래를 사돈이 부른다는 속담의 한자말로, 책망을 들을 사람이 도리어 큰소리를 침을 이르는 말이다. 사돈과 좋은 관계를 맺고 싶다면 사돈 남 말 하지 말고 내가 먼저 좋은 관계를 형성하기 위해 정성을 다해 노력해보자. 사돈(査頓)이라는 말의 뜻처럼 내가 먼저 머리를 숙이고 상대방에게 깍듯한 예의를 갖추면 윤관, 오연총 같은 좋은 사돈 관계가 만들어질 것이다.

우리 장모님이 최고

고부 갈등에 이어 장모와 사위 간의 갈등이 점차 사회적인 문제로 대두되고 있다. 맞벌이 가족이 증가하며 육아나 가사에 장모의 도움을 받는 가정이 많아지고 있기 때문이라고 짐작된다. 이제 사위는 1년에 한두 번 찾아오는 '백년손님'이 아니라 일상적으로 얼굴을 맞대고 서로의 다른 가치관과 버릇, 경제적 능력, 일탈행위 등 여러 가지 요인에서 비롯되는 갈등을 겪어야 하는 '한 식구'가 되었다. 장모와 사위 간에 발생하는 갈등은 여권(女權)이 강한 나라일수록 두드러지는 현상인데 미국의 경우에는 장모와 사위의 화목을 위해 '장모의 날'을 제정한 주(州)도 적지 않다고 한다. 인터넷에 떠도는 미국 유머 중에 이런 것이 있다.

어떤 여자가 얼굴에 지독한 화상을 입었다. 남편은 부인의 성형수술을 위해 자기의 엉덩이 피부를 떼어주기로 했다. 수술을 받고 나니 여자는 전과 같이 예뻐졌다.
"여보, 당신이 나를 이렇게 위해주는 줄 몰랐어요. 당신 은혜를 어떻게 갚죠?"

그 말을 들은 남편은 다음과 같이 말했다.

"고마워할 거 없어! 장모님이 당신 얼굴에 키스할 때마다 내가 얼마나 짜릿한 줄 알아?"

비단 이런 유머뿐만이 아니다. 미국에서는 마차를 타던 시절부터 지붕이 없는 뒷자리를 '장모 자리'라고 불렀다고 하는데 장모와 사위 갈등이 오래된 사회 현상이었다는 점을 알려주고 있다.

가족상담 분야에 종사하는 사람들에 의하면 우리 사회에서도 장모와 사위 갈등이 단순한 의견 대립부터, 폭언과 폭력, 이혼 강요에 이르기까지 심각한 수준으로 증가하고 있다고 한다. 이제는 고부 갈등뿐만 아니라 장모와 사위 갈등을 원만하게 해결할 수 있느냐 없느냐의 여부가 행복한 가족 관계의 중요한 과제로 떠오르고 있다.

과연 어떻게 하면 장모와 사위 갈등을 슬기롭게 예방, 해결할 수 있을까? 모든 인간관계처럼 장모와 사위 갈등도 특정한 한두 가지 방법이 만병통치약과 같은 효과를 낼 수는 없겠지만 최소한 아래에서 말하는 세 가지 사항은 반드시 실천하길 추천한다.

첫째, 딸 편이 되지 마라.

장모와 사위가 갈등을 빚는 가장 큰 이유는 딸의 행복을 걱정하는 어머니로서의 역할이 사위와 충돌을 빚기 때문이다. 내가 낳은 자식이니만큼 어느 정도는 당연하고 어쩔 수 없는 일이다. 그러나 가재는 게 편이고 팔은 안으로만 굽는다고 장모가 딸의 편에서만 모든 것을 생각하고 판단하는 일은 사위와의 관계를 악화시킬 뿐이다. 걱정스러운 일이 생기면 사위의 생각과 입장도 헤아려보고, 사위와 딸을 똑같은 자식으로 공정하게 대하려는 마음이 중요하다. 사위에게서 장모님은 내 편이라는 말을 들을 수 있도록 노력하라.

둘째, 사위의 날을 정해라.

예전에는 사위가 처가를 방문하면 씨암탉을 잡아 대접하는 것이 풍습이었다. 사람의 마음은 똑같다. 누구나 자신을 소중하게 생각하고 위해주는 사람을 좋아하기 마련이다. 사위의 생일이 되면 선물을, 계절이 바뀔 때는 보약이나 맛있는 음식을, 집에 찾아오면 정성껏 대접하라. 아니면 사위의 건강과 발전을 위해 정성껏 기도라도 해줘라. 1년에 하루 이상은 사위의 날이라 생각하고 자식처럼 소중하게 대하라.

셋째, 사돈댁에 잘해라.

부부생활을 하다 보면 주는 만치 받는다는 인간관계의 원칙을 절실하게 느끼게 된다. 아내가 시부모를 잘 모시면 남편도 처가를 잘 모시고, 남편이 처가 부모를 잘 모시면 아내도 시부모를 잘 모시게 된다. 장모가 사위와의 갈등을 줄이는 방법 중의 하나도 사위의 부모에게 잘하는 것이다. 때때로 선물, 농산물, 먹을거리를 보내거나, 음식 대접을 하거나, 이런 일이 어려우면 전화라도 걸어 사위 칭찬과 감사의 말을 하는 것이 바람직하다. 사위가 마음에 안 들수록 더욱 사돈댁에 잘하라. 사위도 장인, 장모에게 더 잘하려 노력할 것이다.

사위와의 갈등을 줄이려면 '내리사랑'이라는 마음과 '백년손님'처럼 대하는 마음이 필요하다. 사위에게 불만이 생기면 무능력을 탓하거나 구박하기 쉬운데 절대로 그런 행동을 하지 않아야 한다. '자식은 못나도 내 자식'이라면 '사위자식도 못나도 내 자식'이다. 월간 "아버지와 가정"에서 실시한 설문조사 결과에 의하면 장모가 사위에게 던지는 말 중 가장 가슴 아픈 말은 다음과 같다. 1위, "사실, 우리 애가 이렇게 살 애가 아니네." 2위, "자네가 능력만 있으면 우리 애가 왜 맞벌이하나?" 3위, "우리 애가 얼마나 귀하게 자랐는지 아나?" 4위, "그럴 줄 알았으면 차라리 ○○에게 시집보내는 건데……." 5위, "정 힘들면 들어와서 살지 그러나." 사위도 사람이기 때문에 이런 말로 자존심에 상처를 주면 갈등이 커지기 마련이다. 자식처럼 생각하면서도 100년 손님처럼 예의를 갖추고 정중하게 대하라.

마지막으로 한 가지만 명심하자. 장모가 바라는 것은 결국 딸의 행복이다. 사위의 입에서 '우리 장모님이 최고'라는 말이 저절로 나오게 만들어 보라. 딸은 세상에서 가장 행복한 사람이 될 것이다.

계급장 떼어놓고 만나라

며칠 전, 군대 모임에 참석하였다. 강원도 고성, 22사단에서 같은 내무반 생활을 했던 전역병들의 모임이다. 시간이 흘러 분위기가 한창 무르익어 갈 무렵 어디선가 다투는 목소리가 들려온다.

"김 병장님, 아직도 여기가 군대인 줄 아십니까? 여기는 사회라고요, 사회!"

소리가 나는 곳을 바라보니 아니나 다를까 김 병장이 또 문제를 일으키고 있었다. 김 병장은 천성이 악한 사람은 아니지만 술이 들어가면 말이 많아지기 시작한다. 술에 취하면 군대에서 고생했던 이야기를 끊임없이 반복하고 그때부터는 쫄따구(후임병)로 근무했던 사람들에게 반말, 욕, 명령조로 막말을 하기 시작한다. 처음에는 한두 번 그러려니 이해하고 넘어갔는데 매번 똑같은 행동을 보이자 모두가 그를 싫어하고 정기모임 외에는 마주치지 않으려 했다. 심지어 김 병장 때문에 모임에 나오지 않겠다는 후임병도 하나둘씩 늘어갔다. 그래도 명색이 최고 왕고참이었기 때문에 모두가 참고 있는데 오늘 또 즐거운 분위기를 망쳐놓은 것이다. 내막을 들어보니 지금은 대기업 부장이 된 P상병에게 억지로 술을 마시라고 명령조로 말하며 욕을 하였던 모양이었다. 험악해지려는 분위기를 가까스로 추슬러 두 사람을 떼어놓고 나머지 시간을 서둘러 마친 후 모임을 끝냈다.

집으로 돌아오며 생각해보니 한편으로는 우습기도 하고 한편으로는 쓸쓸한 생각이 들었다. 우리 사회는 수직적 서열과 위계가 매우 중시되는 사회다. 고등학교 동문회를 가 봐도 그렇고, 전 직장 동료들 모임이나 상조회를 봐도 그렇다. 어디에 가든 한번 선배는 영원한 선배고, 한번 상사는 영원한 상사다. 물론 그 자체가 나쁘다는 뜻은 아니다. 다만 계급에 너무 집착하면 김 병장처럼 엉뚱한 행동을 하고 결국 왕따가 될 수도 있다는 사실이다. 군대를 전역하면 계급장을 떼어놓고 사회인으로 생활해야 하듯이 직장에서 퇴직하면 직급은 잊어버려야 원만한 인간관계를 형성할 수 있다. 퇴직 후에 아랫사람들과 좋은 관계를 만들려면 다음과 같은 사항을 실천해야 한다.

첫째, 호칭을 높여라.
퇴직 후에도 예전의 직급을 호칭하는 것은 바람직하지 않다. 가급적 상대방이 현재 하고 있는 일에 맞게 호칭하되 딱히 마땅한 호칭이 없으면 'OOO 박사님', 'OOO 대장님', 'OOO 선생님'처럼 유머러스하게 부르거나 최소한 'OOO님'처럼 높여 불러주는 것이 좋은 방법이다.

둘째, 경어를 사용하라.
퇴직을 하면 대부분 60세 이상의 나이가 된다. 이런 사람들에게 현직에 있을 때처럼 반말, 하대말을 하는 것은 바람직하지 못하다. 최대한 경어를 사용하여 상대방을 존중하는 습관을 들여야 한다. 최소한 '하시게', '하네'와 같이 중간 높임체를 사용하는 것이 바람직하다.

셋째, 아랫사람을 잘 모셔라.
퇴직 후에 직장 사람들을 만나면 대접받으려는 생각을 버리고 내가 먼저 대접하라. 현직에 있을 때 나를 상사로 모셨던 사람들이니 퇴직후에는 내가 상사처럼 모신다고 생각하라. 미국 미시간대학 스테파니

브라운 박사의 조사에 의하면, 자기만 아끼고 남을 돕지 않는 사람이 남에게 도움을 주는 사람보다 일찍 죽을 가능성이 두 배 높은 것으로 밝혀졌다.' 남을 돕고 베푸는 것이 장수의 비결이다.

천상천하 유아독존(天上天下 唯我獨尊)이라는 말처럼 사람은 누구나 존귀한 존재다. 신분이나 계급을 따지지 않고 자신과 동등하게 대하는 사람만이 여러 사람들과 좋은 관계를 형성할 수 있다. 인생의 노년에 좋은 벗을 유지하고 싶다면 계급장을 떼어놓고 사람 대 사람으로 만나라.

인생이 10일 남았다면

죽음은 두렵고 슬픈 일이다. 인생에서 가장 피하고 싶은 운명이 있다면 틀림없이 죽음일 것이다. 그러나 사람으로 태어난 이상 누구나 벗어나지 못하는 것이 죽음이다. 얼마 전에도 형수님의 둘째 남동생이 세상을 등져 문상을 다녀왔다. 나보다 세 살 적으니 죽음과는 까마득하게 거리가 먼 나이라고 생각했을 텐데 갑작스럽게 백혈병 진단을 받고 불과 3개월 동안의 투병생활 끝에 허망하게 세상을 등지고 말았다. 슬퍼하는 유족들의 모습을 바라보며 애통한 마음을 금할 수 없었다. 태어난 순서는 있지만 죽는 순서는 없다는 말처럼 죽음은 사람을 가리지 않고 아무런 예고 없이 불쑥 찾아온다. 따라서 우리는 항상 죽음에 대해 예비해야 한다. 내가 좋아하는 명언 중에 다음과 같은 말이 있다.

"어찌 이리도 울고불고 들 하는고? 짐이 불사신이라도 되는 줄 알았더냐."

프랑스의 루이 14세가 한 말이라는데 죽음에 관한 여러 가지 명언 중에서도 가장 마음에 와 닿는다. 이와는 다르게 17세기 프랑스 극작가 몰리에르는 "그렇게 긴 시간 동안에 우리는 단 한 번 죽는다."라는 말로 죽음을 풍자하였는데 죽음에 대한 두려움을 다소나마 가볍게 해주는 말이다.

몇 년 전, 미국에서 흥미로운 조사 결과가 발표된 적이 있다. 일반인 1천 명에게 "만약 가능하다면 언제 죽는지 알고 싶은가?"라고 물어봤다. 놀랍게도 응답자의 96%가 자신이 언제 죽는지 알고 싶지 않다고 대답했다. 아마도 죽음에 대한 두려움으로 일상생활을 정상적으로 하지 못할 것이라는 판단 때문일 것이다. 그러나 알고 싶건 알고 싶어 하지 않건 간에 우리는 한번은 반드시 죽는다는 사실을 너무나 잘 알고 있다. 그리고 그 죽음의 순간이 몇백 년 후의 일이 아니라 불과 수십 년 또는 수년 내에 벌어질 사건이라는 점도 잘 알고 있다.

우리는 죽음을 망각하거나 회피해서는 안 되며 당당하게 직면해야 한다. 철학자 세네카는 "인간은 항상 시간이 모자란다고 불평을 하면서 마치 시간이 무한정 있는 것처럼 행동한다."라고 말했는데, 항상 죽음을 염두에 두며 살아야 아까운 시간을 낭비하지 않게 된다.

2008년에 상영된 영화 중에 "버킷리스트-죽기 전에 꼭 하고 싶은 것들"이란 제목의 작품이 있다. 자동차 정비사 모건 프리먼과 재벌 기업가

잭 니콜슨은 암에 걸려 같은 병실에 입원하게 된다. 모건 프리먼은 죽음을 앞두고 무료한 병상 생활 속에서 대학교 1학년 때 철학 교수가 알려준 버킷리스트(죽기 전에 꼭 해보고 싶은 것들의 목록)를 틈틈이 작성해본다. 우연히 이 목록을 보게 된 잭 니콜슨도 함께 버킷리스트를 작성하고 두 사람은 실제로 버킷리스트에 적은 일들을 하나하나 실행에 옮긴다. 영화 중에 소개된 목록에는 다음과 같은 일들이 포함돼 있다. "세렝게티에서 사냥하기, 문신하기, 카레이싱과 스카이다이빙, 눈물 날 때까지 웃어 보기, 가장 아름다운 소녀와 키스하기, 화장한 재를 인스턴트커피 깡통에 담아 경관 좋은 곳에 두기……."

이 영화를 통해 궁극적으로 깨닫게 되는 메시지는 "죽음의 순간에 가장 큰 후회는 하고 싶은 것을 하지 않고 포기해버린 일이다."라는 사실이다. 미국의 존 고다드라는 사람은 열일곱 살 때 127가지의 버킷리스트를 작성했는데 현재까지 108가지의 목표를 달성했다고 언론방송을 통해 널리 알려진 적이 있다. 우리는 하고 싶은 일들을 하면서 인생을 살 권리가 있고 또 그런 인생을 살도록 노력해야 한다. 인생이 10일 남았다면 우리는 무엇을 하며 보내야 할까?

듣지도 보지도 말하지도 못했던 장애를 극복하고 위대한 삶을 살다 간 헬렌 켈러는 "만약 당신의 인생이 3일 남았다면 무엇을 할 것인가?"라는 기자들의 질문에 다음과 같이 대답했다고 한다.

"인생이 3일 남았다면 나는 내게 있는 것을 더 많이 나누고 싶다. 사람들을 더 많이 사랑하고 싶다. 하늘을 더 많이 찬양하고 싶다."

참으로 멋지고 아름다운 생각이다. 그러나 보통 사람들로서는 이렇게 철학적인 태도를 갖는 것보다는 보다 구체적이고 현실적인 목표를 정하는 것이 바람직하다. 기업체에 강의를 나가 교육생들에게 질문을 건네 보면 대부분의 사람들이 다음과 같은 비슷한 답변을 한다.

- 여행을 간다.
- 맛있는 음식을 먹는다.
- 사랑한다는 말을 한다.
- 싸운 사람과 화해한다.
- 소중한 사람, 보고 싶은 사람을 찾아간다.
- 삶을 정리하는 마지막 일기를 쓴다.

인생이 3일 남았다면 사람들이 하고 싶은 일은 대부분 평범한 것들이다. 얼마 전 교육에 참여했던 스물여섯 살 S군은 "엄마를 꼬옥 끌어안고 하루를 지내겠다."라는 대답을 하여 마음이 뭉클하기도 하였다. 버킷리스트를 작성하고 나면 앞으로 남은 인생 동안 무엇을 하며 살아야 할 것인지가 분명해지며 인생의 의미와 인생에서 자신에게 가장 소중한 것이 무엇인지를 명확하게 깨달을 수 있다. 그리고 나면 남는 것은 'Now do it.'일 뿐이다.

이 글을 읽고 있는 여러분은 인생이 10일 남았다면 무엇을 할 것인가? 아니, 조금 더 길어서 한 달이나 1년이 남았다면 무엇을 할 것인가? 자신만의 버킷리스트를 만들어보고 죽기 전에 꼭 하고 싶은 일들을 하며 살아보자. 그것이 후회 없는 인생을 사는 길이며 참다운 인생을 사는 길이다. 그리고 지금 누군가와 갈등을 겪고 있다면 더 많이 이해하고, 더 많이 용서하고, 더 많이 베풀어라. 인생은 짧으니 사랑할 시간도 부족한데 미워하며 살 시간이 어디 있으랴! 이제 갈등에 마침표를 찍어보자.

굿바이, 갈등!

갈등 관리 10계명

1. 갈등은 변화와 성장의 촉매제다.
2. 갈등은 리더십, 협상력, 설득력 게임이다.
3. 인식하지 못하는 갈등이 더 위험하다.
4. 갈등은 사후치료보다 사전예방이 중요하다.
5. 갈등을 유발하는 말버릇, 몸버릇, 마음버릇을 버려라.
6. 갈등이 발생하면 전쟁과 전투를 구분하라.
7. 갈등의 근본적인 원인을 먼저 파악하라.
8. 진심어린 공감이 갈등의 80% 이상을 해결해준다.
9. 승패 사고가 아닌 승승 사고로 협상하라.
10. 여섯 가지 방법(수용, 회피, 협상, 대결, 중재, 단절)으로 대처하라.

갈등 관리 체크리스트

항 목		내 용
갈등의 원인	반감	상대방은 나의 어떤 점에 대해 반감을 갖고 있는가?
	가치관	상대방과 나의 가치관은 어떤 차이가 있는가?

갈등의 원인	경향	상대방의 기호, 취향, 선호하는 방식은 무엇인가?
	이해 관계	상대방의 어떤 이해 관계를 가지고 있는가?
	감정	상대방에게 형성된 부정적 정서는 무엇인가?
	상황	상대방은 어떤 상황, 입장에 놓여있는가?
	오해	상대방은 나에게 어떤 오해를 하고 있는가?
갈등 대처 방법	수용	내가 수용할 수 있는 갈등인가?
	회피	해결 방안을 찾기까지 보류, 연기할 수 있는가?
	협상	대화와 절충으로 협상점을 찾을 수 있는가?
	대결	상대방을 내가 원하는 대로 움직이게 할 수 있는가?
	중재	제삼자의 중재를 통해서 해결할 수 있는가?
	단절	상대방과의 관계를 단절할 수 있는가?

갈등 대처 영향 요소	힘	상대방을 변화시키기 위해 사용할 수 있는 힘은?
	관계	상대방과의 관계를 우호적으로 만들 수 있는 방법은?
	목표	목표를 변경하거나 대체할 수 있는 방법은?
	동기	상대방이 지닌 동기를 바꿀 수 있는 방법은?
	신념	상대방이 지닌 신념을 바꿀 수 있는 방법은?
갈등 해결 단계	원인 분석	갈등이 빚어진 본질적인 원인은 무엇인가?
	공감 형성	상대방의 입장, 생각, 감정은 어떠한가?
	자기 공개	나의 입장, 생각, 감정은 정확하게 전달되었는가?
	대안 마련	상호 간에 합의할 수 있는 대안은 무엇인가?
	대화와 절충	어떻게 상대방을 설득하고 협상할 것인가?
	합의점 도출	합의사항, 상벌조항은 어떻게 명문화할 것인가?

갈등, 게임처럼 즐겨라
-변화와 성장을 위한 인간관계의 기술

1판 1쇄 인쇄 2014년 7월 14일
1판 1쇄 발행 2014년 7월 18일

지은이• 양광모
펴낸이• 정영석

펴낸곳• **마인드북스**
출판등록• 2009년 3월 5일 제2012-000088호
주 소• 서울시 금천구 벚꽃로 234, 310호(가산동 에이스하이엔드타워6차)
전 화• 02-6414-5995
팩 스• 02-6280-9390
홈페이지• http://www.mindbooks.co.kr
이메일• mindbooks@nate.com

값은 뒤표지에 있습니다.
ISBN 978-89-97508-15-0 03190